「ちゃんとしなきゃ!」をやめたら 二度と散らからない部屋になりました

家族の悩みも解決編

なぎまゆ
Nagimayu

ご挨拶

こんにちは
なぎまゆと申します
元・片付けられない人間でしたが
何がどこにあるか分からない
どこだ
どこだ
床の上が常に散らかっている
……
大事な物を踏んで壊す
げっ
ビキッ
今では普通に片付けられるようになりました
何がどこにあるか分かっている
あった!
は…
持ち物すべてに戻るべき住所が決まっている
これはここ
これはここ
住所が決めてあるので散らかってもすぐ元に戻せる
よし!

何度片付けてもリバウンドしていた私は
片付けの際に
①物ごとに出す
服なら服 本なら本を 一カ所に 全部出す
「場所ごと」ではなく「物ごと」に全部出す
服なら服を
本なら本を
家じゅうから全部出す!
②要らない物を徹底的に手放す
「使わない物」「使えない物」はもちろん
「いつか使う物」「何かに使える物」「必要量を明らかに超えている物」も
徹底的に手放して「必要な物」を「必要な数」だけ残す
ボロボロだし捨てよう…
ずっと使ってないから手放そう
こっちは多すぎるから捨てよう

③再収納する
必要な物だけを
ジャンルごとに
収納
を行いました
そして
片付けに必要なのは
几帳面な人と同じになる
「努力」ではなく
収納具を統一すると
生活感がなくなります!
この人の
真似をすれば
片付くんだな
どこに
何を入れたか
忘れちゃった…
私にとっては
使いにくくて
失敗…
ズ
ーン
自分の性格でも
片付いていられる
「工夫」である
私は面倒になると
出し入れしなくなる
性格だから
すぐ使う物は
引き出しに
入れるのをやめよう
見えなくなると
物が行方不明に
なるから
収納にラベルを
貼ろう
を徹底したことで

大雑把な性格でも
人並みに片付いた
部屋をキープ
できるようになりました
おしゃれではないかもしれないけど散らからない
散らかってもすぐに元通りの部屋に戻せる
そして
同じく
大雑把な性格の
友人たちの部屋も
足の踏み場もない
状態だったAさんの部屋が
ズーン…
こうなり
ドアが半分しか
開かなかった
Mさんの部屋が
開かないっ
ギシ
ギシ
ズーン…
こうなり

一見きれいに見えて収納が隠れ肥満状態だったPさんの部屋が
ぎゅう
ぎゅう
こうなり
大雑把民でも片付けが続く部屋になりました
これらの片付けの詳しい内容は
現在発売中の書籍の中で色々描いているので
なぎまゆ
「ちゃんとしなきゃ！」をやめたら
二度と散らからない部屋になりました
片付けのコツはその場を動かないこと
80万部達成！
なぎまゆ
「ちゃんとしなきゃ！」をやめたら
二度と散らからない部屋になりました
見えないところも整理整頓編
あなたのお家は隠れ肥満型の部屋かも!?
お片付けコミックエッセイ第2弾！
両冊とも重版出来！
なぎまゆ
「ちゃんとしなきゃ！」をやめれば
二度と散らからない部屋になる
大雑把民でも3つのルールで部屋は片付く！
実用書も絶賛発売中です！
ぜひ手に取ってみてください
今回は新たな友人Fさんのお家の片付けの手伝いを通して
また片付けについて色々と描かせていただきました
どうぞよろしくお願いいたします！

Contents

家族の悩みも解決編

「ちゃんとしなきゃ!」をやめたら

二度と散らからない部屋になりました

友人Fさん宅の片付け

友人Fさんの家の片付けを手伝ってみた

おつかれ〜〜
こちらは私の母と妹です〜〜
母です〜
妹です〜〜
こんにちは〜 よろしくお願いします
私の部屋はこっちだよ〜
おじゃましま〜〜す
「物が溢れている」かあ〜 今までの人たちみたいな感じかな
Aさんと Mさんは 床が見えない タイプ
Pさんは 収納だけ カオスなタイプ
どうぞ〜
はあい

全然
どのタイプでもなかった
ズキッ
ほーんと困ってるんだよね
何に!?
床もがっつり見えてるし
ガラス棚の中も整頓されてるし

クローゼットも特に許容オーバーな感じもないし
さりげなく物を飾るスペースもあったりして
一見全然問題ないように見えるけど…
むしろ私の部屋より物が少ないくらい…
うーん そうでもないんだよ
とにかく困っててねえ
Pさんみたいに見た目で分からないタイプもいたからな〜
一見普通 収納がカオス 隠れ肥満型の部屋
テヘ♥
見ただけじゃ分からないから
何に困っているのか片付けながら紐解いていこう〜
うん!

“一見”整頓された部屋

ええと
片付けでは
①物ごとに全部出す
②徹底的に要らない物を手放す
③再収納をする
というのをやるんだけど…
まずはわかりやすい衣類からやってみようか
あ——衣類はね
もう選別が終わっちゃってるんだ
仕事が私服だからしょっちゅう入れ替えするし
リフォームもあるからこの間かなり手放したんだよ
そ そう…
たしかにPさんと違って
クローゼットの中もかなり整頓されてるように見える…
今回はほぼ私の出番はないかもしれないなあ…
こうやって出し入れしやすいように入れてるんだー
スッ
スッ

でもまあ
せっかくだし
見逃してる物も
あるかもしれないから
とりあえず
Fさんが持っている
衣類を全部ここに
出してみよう
…持ってる
衣類を全部？
うん
全部
全部か…
この量なら
すぐ終わると
思うけど
どさ
出すの
手伝わせて
もらうね～
タタッ
もう
半分出たよ～
ドサッ
はい
これ
え？

お姉ちゃん
これも
お姉ちゃんの
だよ～
あ～
そうだった
えっ
あ そうだ
廊下の
引き出しにも
入れてたわ
そうだ
あとは親の部屋の
クローゼットにも…
えっと
他の部屋にも
Fさんの衣類が
あるってこと？
うちは個々の部屋も
収納も小さくて
部屋に持ち物が
入り切らないから
リビングの
ここらへんに
洗濯したものを
積み上げてて
廊下の収納に
あんまり使わない
服を入れさせて
もらってて

ここらへんは母の服が置いてあって
ここらへんは妹の服が置いてあって
なるほど…
そういえば家に入った時に彼女の部屋は物が少なかったけど
廊下やあちこちに収納が点在していた気がする…
こっちだよ〜
そう
一見物が少なくて整頓されているように見えた彼女の部屋ですが
実は共有スペースに個々の物をごった煮状態で収納している
共有スペースの収納が家族の物で闇鍋状態
の家だったのです
何で
生活しにくいのかなあー

家族の物が混在する原因

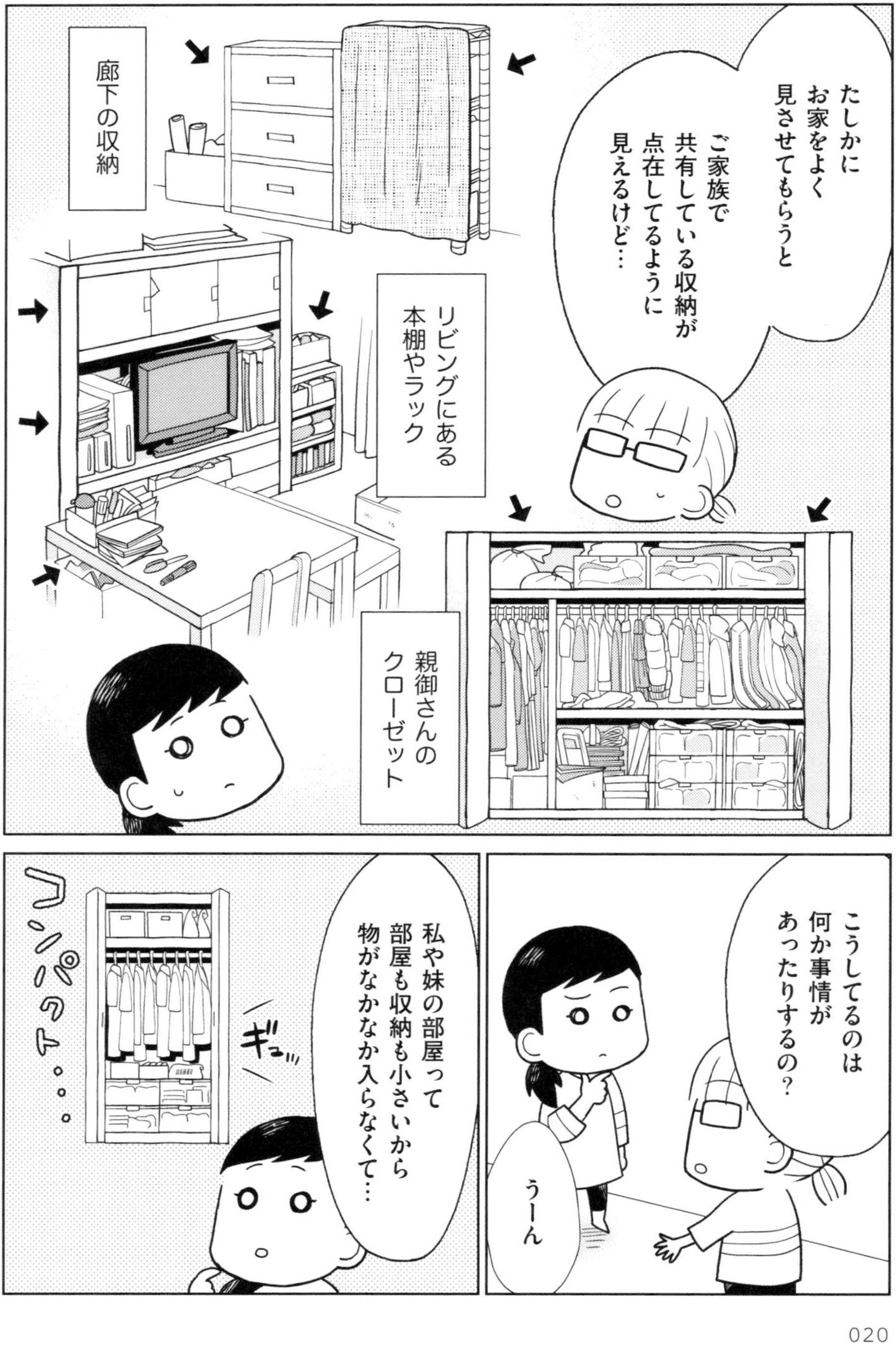

だから溢れた物はついつい
共有エリアとか親の部屋に置かせてもらっちゃってる時があって
溢れた分ここに入れさせて〜
あら〜…こっちのもそうじゃなかった？
ちなみに妹もこのタイプで
攻略本ゲームしながら使うし
リビングに置いとこっと
そうしたら母が
あらあら
こんなところに置いて汚れたらどうするの
とりあえずここにしまっておくから
はーい
数カ月後
あれ??
ここらへんに置いてた攻略本知らない？

そこの棚の中に入れたって言わなかった？
ガサ ガサ
え？そうだっけ？
すぐ使うからほっといてくれてよかったのに〜
そうは言ってもテーブルの上じゃ邪魔になるもの
部屋に持っていきなさいって何度も言ったわよ〜
ううう…たしかに…
…というループを家族間であらゆる物で繰り返してるうちに
入り切らないから別の部屋に一時的に置かせてもらおう〜
また出しっぱなしにして〜〜
ここに入れときましょ
ズウ〜ン！
共有部分がこうなってる状態なんだよね…
なるほど…

物を減らさずに収納を増やすと、収納が家を圧迫していく

リフォーム後も
間取りや収納の大きさは
ほぼ変わらないんだよね
もっと大胆に
間取りや収納を
変えるべき
だったかな…
でも柱とか
色んな問題で
結構難しくて…
ううーん…
そうとも
言い切れないかも
しれない

物の取捨選択を
しないままで
収納を増やしても
増えた分だけ
また物が
溢れてしまうだけ
なんだよね
大きいタンスを
買ったから
たくさん収納できるぞ～
溢れてきたから
もう一個タンスを
買ったぞ
なんで収納を
増やしてるのに
物が溢れていくの～？
うっ…
心当たりが…

…じゃあ
どうしたら?
見たところ
Fさんの物も
ご家族の物も
家全体に混在している
みたいなので
もしも可能なら
「Fさんの部屋」
だけじゃなく
「家全体」で
①全部出し
②徹底的に手放し
③再収納する
をするのが
一番だと思う
……
えっ…

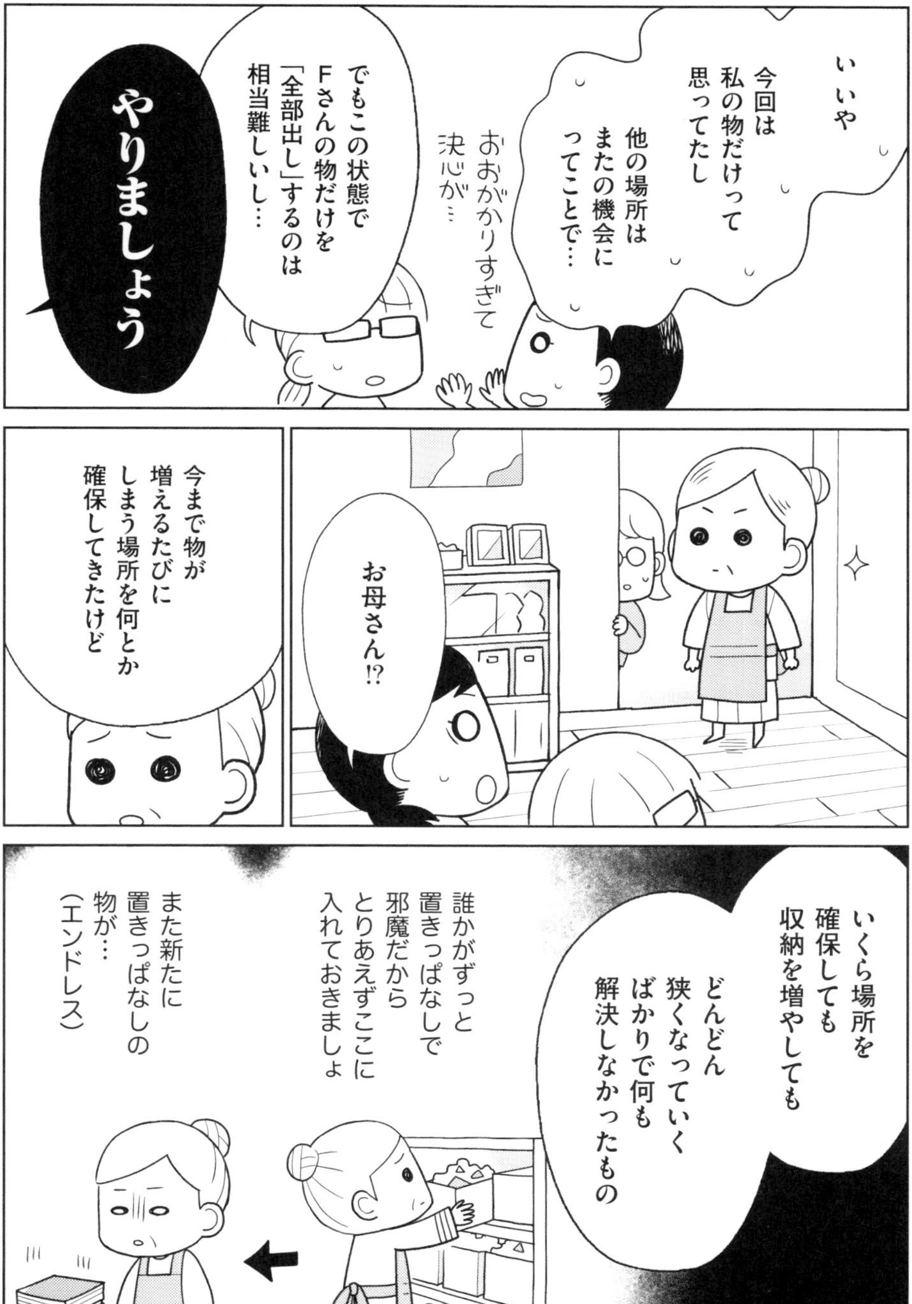
いいや
今回は私の物だけって思ってたし
他の場所はまたの機会にってことで…
おおがかりすぎて決心が…
でもこの状態でFさんの物だけを「全部出し」するのは相当難しいし…
やりましょう
お母さん!?
今まで物が増えるたびにしまう場所を何とか確保してきたけど
いくら場所を確保しても収納を増やしても
どんどん狭くなっていくばかりで何も解決しなかったもの
誰かがずっと置きっぱなしで邪魔だからとりあえずここに入れておきましょ
また新たに置きっぱなしの物が…(エンドレス)

今回どうせ全員が物を減らさないといけないんだし一度全部リセットしましょう
そうだね…ずっとなあなあになってたかも…
大変だけどそれぞれが全部出して徹底的に要らない物を手放して
共有スペースの収納を誰がどこを使うか適切に決めることができれば皆の物がごちゃまぜになって管理がしにくいということはなくなると思うよ
どこを誰が使うか
ちゃんと決める！
それじゃあ頑張りましょう！
お～！

何で
生活しにくいのかなあ――

「物ごとに全部出す」が難しい時は「ブルドーザー」

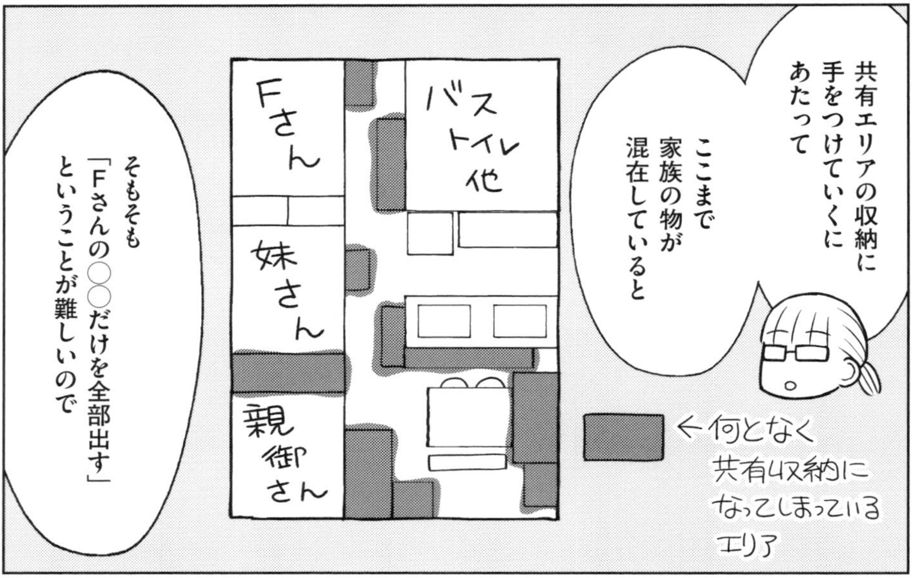
共有エリアの収納に手をつけていくにあたって
ここまで家族の物が混在していると
Fさん
バス トイレ 他
妹さん
親御さん
←何となく共有収納になってしまっているエリア
そもそも「Fさんの◯◯だけを全部出す」ということが難しいので

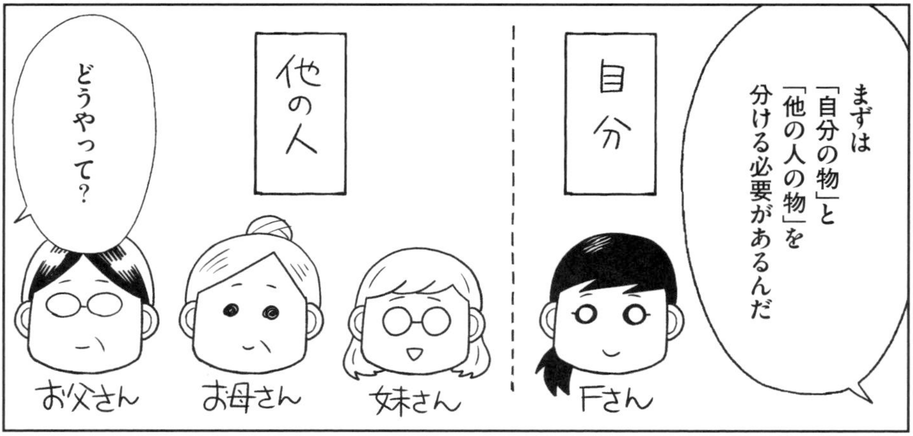
まずは「自分の物」と「他の人の物」を分ける必要があるんだ
自分
他の人
Fさん
妹さん
お母さん
お父さん
どうやって？

見たところFさんの家で家族の物が混在してるエリアは

リビングにある収納
廊下に設けられた収納
親御さんのクローゼット
なので…
やり方としてはまず
ここ！
と決めたところの物を全部出して
全部出す！

※今いないお父さんについては後述

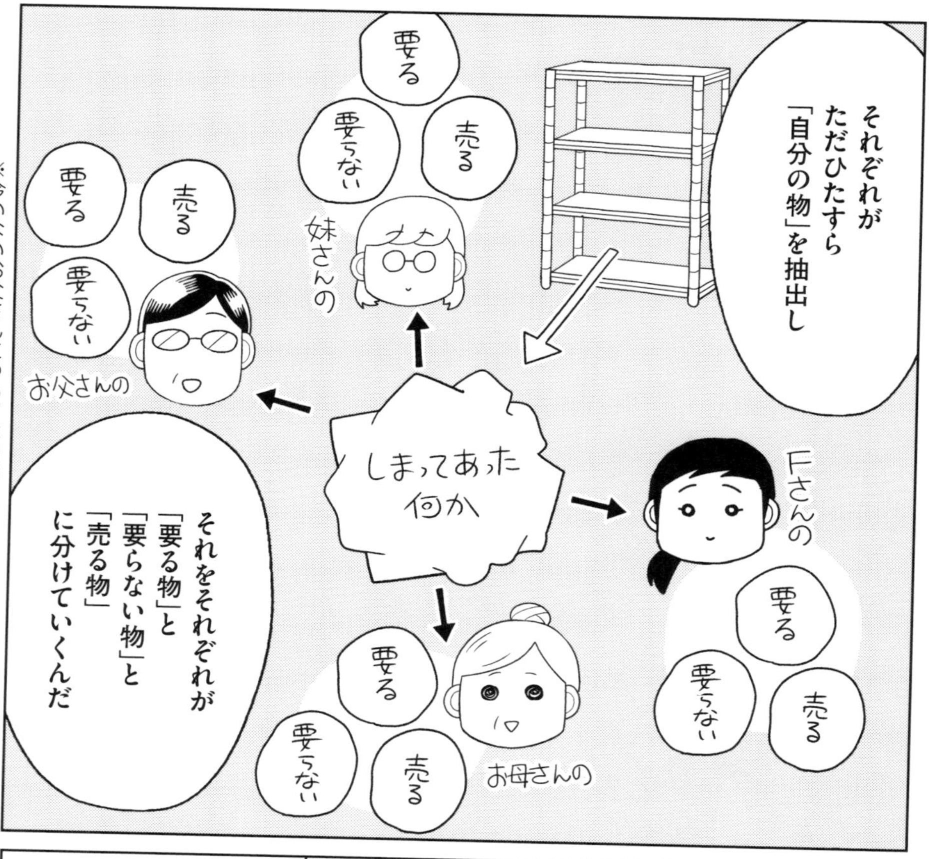

それぞれがただひたすら「自分の物」を抽出し
しまってあった何か
妹さんの
要る
売る
要らない
お父さんの
要る
売る
要らない
Fさんの
要る
要らない
売る
お母さんの
要る
要らない
売る
それをそれぞれが「要る物」と「要らない物」と「売る物」に分けていくんだ

この時に気をつけたいのは「要る物」の中の「ジャンル分け」はここではざっくり行うこと
しまってあった何か
Fさんの要る
この部分のジャンル分けのこと
Fさんの売る
Fさんの要らない

ただでさえ
たくさんの物の中から
自分の物を抽出する
だけでも頭を使うのに
これは私ので～
これは妹ので～
これは要る服で～～
これは要らない書類で～～
これは文房具で母ので
これはこれは
あああ゛ぁ゛ー
もうイヤァァ
それと並行して
物のジャンル分けまで
してたら
体力気力が
持たなくて
中断の可能性が
あるので
疲れた…もういい…
ここでの
ジャンル分けは
あくまで
ざっくり行うこと
淡々…
不要
売る
要る
服
本
他
服とか本とか
分かりやすい物だけ
ざっくり分ければよし
それじゃあ
しばらく
動いた形跡のない
廊下の収納から
やっていこうか…
手放せる物が
たくさん
ありそう…
ズ
ン!
了解です…

「自分の物」を抽出し「要らない物」を手放していく

廊下の収納の中身を全部出してみたけど
もう何がなんだか…ッ
どっさり
家族全員分の「何か」が死蔵していた状態だねえ
さっきも言ったけど細かいジャンル分けを気にせずに
とにかくそれぞれが「自分の物」で「必要な物」を抽出することに集中してね
これは私の物で「要る」
これは私の物で「要らない」
これは私の物で「売る」だわ
あーこれ私の!
昔の教科書や資格を取った時の参考書
パラパラ
資格取得

何か調べたいことがあった時のために残した記憶があるけど…
もう10年くらい読んでない…
専門的なことって都度更新されていくし
ちょっとしたことならネットで調べたりできるからねえ
捨てよう
ドスッ
うむ
こっちは写真だわ
写真は捨てられないわねえ
あっ
箱ごと残しましょ
「写真＝思い出」だから問答無用に捨てられないと思いがちなんですが
入学式

現像するのが主流だった時のものって
失敗写真や類似写真
ブレてる写真
誰だっけな写真
目を閉じてしまって複数枚撮った写真
どこを写したのか誰を写したのか謎の写真
どこで何を撮ったか不明な写真
そういった物がかなりあるので
結構捨てられる物が多かったりしますよ
たしかにそうかもしれないわ…
これは要らない…
これは要る…っ
フィルムそのものも今まで現像しなかったのならこれからもまず現像しないので
こういう機会に手放してしまうことをおすすめします
おーい
おーい

そして厚紙タイプのアルバムは無理に剥がすと写真が傷つく可能性があるので
どうしても取っておきたい物だけそのまま保管することをおすすめします
1枚1枚がのりでくっついている
ちょっとかさばるけど…
簡易的なアルバムなら写真を出した後手放してしまってもいいと思います
写真を抜く
処分
なるほどね〜〜
更に写真の枚数を減らしたい場合は
スマホなど高解像度のカメラでまとめて撮影して手放す方法もありますね
パシャ
このへんの物は念のため撮影だけして捨てちゃいましょ
見ることができればいい程度の物とかね
なるほどー

うわ〜〜
VHSだ〜〜
なつかしい〜
ビデオテープってやつ
昔の番組って
ネットで見られない
ものもあるから
〝要る〟で!
この番組大好きだった〜!
カシャ
VHSが見れる
デッキがまだ
あるんですか?
えっ
ないです
デッキを
購入予定とか…
ないですね

そうすると今後もこのまま見ることなく死蔵する可能性が…
……うーん たしかに…
でもあなたたちが小さかった頃の記録は捨てるわけにはいかないわ
絶対残すわっ
ううーん…他の物はどうしようかなあ…
こういうホームビデオに入れるやつとか
捨てたくないけどデッキを買う予定がない場合はお金を払えばデータ化してくれるサービスがありますよ
ネットで見つかります
へぇ〜そんなのがあるんだ
じゃあいつかそのサービスに依頼しよう〜
全部要る、で
ガシャ
ああ〜

あまりにも前の物だとテープが劣化してデータが取り出せなくなる場合もあったり
VHSの種類によっては古すぎて非対応になる場合も…
そうなると本当に二度と見れなくなってしまうので
えっ
そうなんですか？
お金を払ってでも取っておきたいと思うくらい大切な物なら
すぐにデータ化するのがおすすめですね
うむ…
取っておけばいいかと思ったけどそうでもないのねえ
うーん…じゃあ惜しいけど昔の番組のVHSはもういいか…
このへんは"要らない"で…
子供たちの成長記録はすぐに依頼するわ！
絶対に必要!!
どんな物でも時間の経過と共に劣化してしまいます
置いておくだけで大丈夫ではない物もあるので気をつけましょう

持ち物が増えるたびに
収納を増やすことは
その時一瞬片付いたように感じますが
実態は収納＋物が増えただけなので
家はどんどん狭くなってしまいます。

新たに収納を増やす必要を感じた時は
「収納を増やす」前に
「減らせる物がないか」を
考える癖をつけましょう。

そうすれば
いつの間にか家の中が収納だらけで狭い、
という状態になるのを
回避しやすくなります。

「物が増えたら収納を増やす」はNG

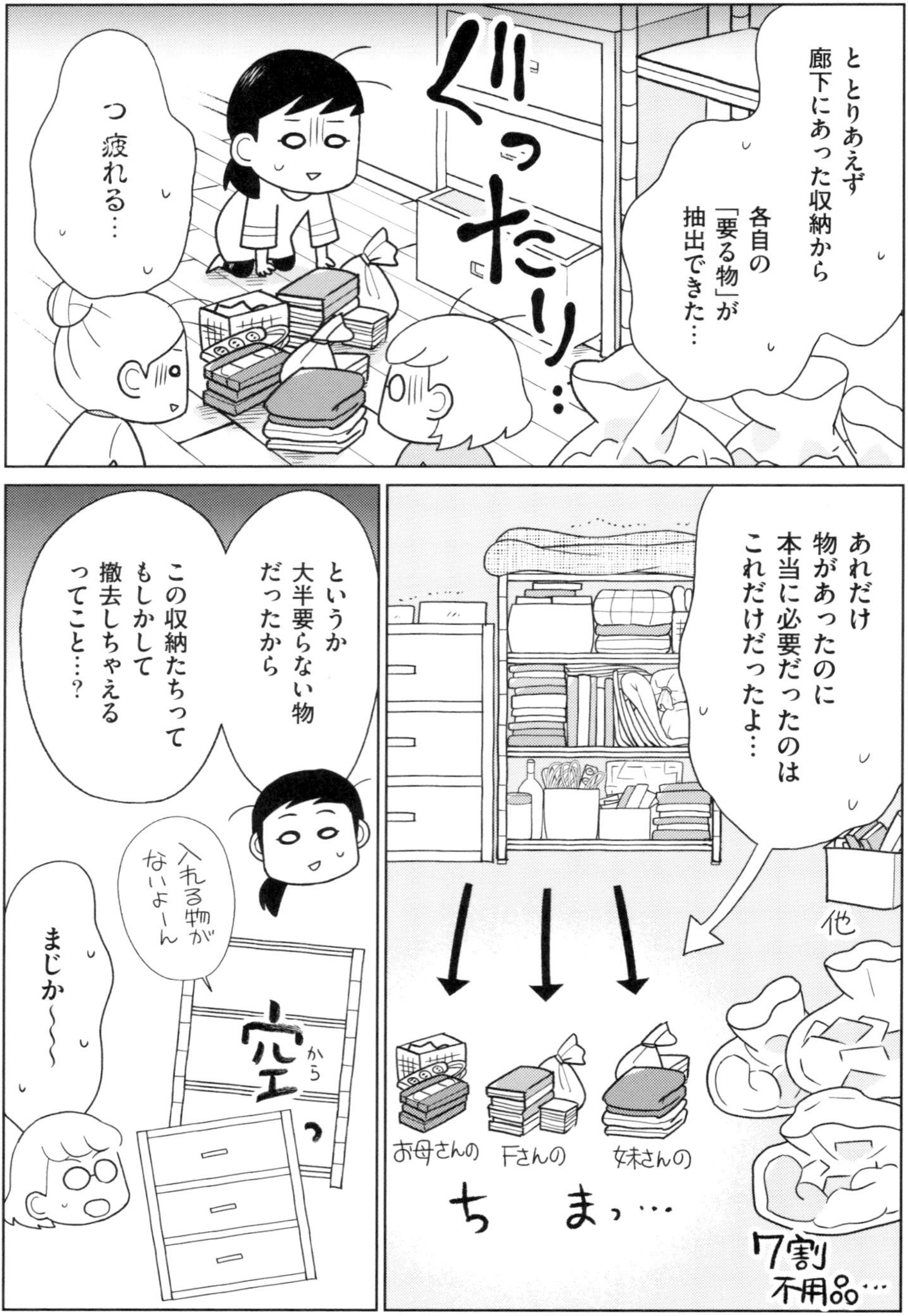
とりあえず
廊下にあった収納から
各自の「要る物」が抽出できた…
ぐったり…
っ疲れる…
あれだけ物があったのに本当に必要だったのはこれだけだったよ…
他
お母さんの
Fさんの
妹さんの
ちまっ…
7割不用品…
というか大半要らない物だったから
この収納たちってもしかして撤去しちゃえるってこと…？
入れる物がないよーん
空《から》っ
まじか〜〜〜

何年も要らない物を収納していた棚が廊下を狭くしていたのねえ
広々ー
廊下ってこんなに広かったんだね〜〜
物が増えた分だけ収納を増やしてしまうと
収納に圧迫された家になってしまいがちなんだ
物が増えたから収納を買ったぞ
片付けてるハズなのにどんどん狭くなっていく〜〜
だから収納を増やす前に「要らない物」を徹底的に手放す作業が必須だし
片付けた後も「必要な物だけを持つ」という意識がとても大事なんだよ
なるほどね〜〜
よーし！この調子でどんどんいこう！
はーーい!!

今ここにいない人、誰の物かわからない物の扱い方

共通の場所の片付けは家族全員の同意のもとに行うべきですが
スケジュール上家族が同時に片付けを行えないこともあります
今回の場合はお父さん
不在の家族の分はちゃんと避けておきましょう
これ誰の？
私のじゃないわ
じゃあお父さんのじゃない？
よけとこう〜
※片付けの際に動かすことも許可を取っておきましょう
その場にいない人の物に手をつける時は
片付ける時自分の物は動かさないでほしい
まったく動かさないのは難しいから
あなたの物だけまとめて避けておくね
このように事前に確認し合いましょう

確認を怠った場合
ねぇ！
あそこにあった物は？
勝手に動かした？
ええと どこやったかな…
このように物が行方不明になったりします
特にトラブルになりやすいのは
家族の物を勝手に捨てるという行為でして
ガサ
ガサ
あれ？ ここに置いてたやつは？
あー 捨てたかも
ボロボロだったし要らないでしょ？
勝手に決めないでよ！
何だよー いつまでも片付けないからじゃんー！
自分が絶対にゴミと思うものでも
本人の確認なしで捨てることはトラブルのもとになります

とはいえ
スペースを共有
しているわけなので
とにかく
全部必要！
自分の部屋に
入らないから
あっちにもこっちにも
置きたい！
捨てられないし
選別も面倒！
空いてるんだから
置いたって
いいでしょ！
ぎっちり。。
…はさすがに
通りません
ゴゴゴ…
あなたが
はみ出ている部分は
他の誰かの収納だったり
快適に過ごすための
空間だったり
するんですよ…？
うちはうるさいこと
言われないから
よかった～
…と思って
いる人は
言い出せないだけで
陰ながら思われてる
可能性があります…
ハッ…
ジャマ
だなあ…
片付けて
ほしいのに…

反対に
物が少なくてきれいなのが正義なんだから
みんなのために言ってるんだから
そんな役に立たない物は捨てましょう
キリッ
という考え方も
何が大切かは人それぞれなので これもまた揉めるもとになります
うちは皆こだわらないから私の思い通りになる家でよかった〜
…と思っている人は
単に言うだけ無駄と諦められてるだけの場合があります…
言ったって100倍になって返ってくるだけだしねぇ…
共に暮らすのならば白黒ではなく
お互いの価値観を尊重しつつ
お互いが我慢しすぎないように常に考える必要があります

持ち物の量の価値観が違っても
自分の部屋に収まってるならよしとする
物は多いけど…
部屋におさまってるからいいか…
例え自分が気にならなくても
同居している人たちが不快にならないラインを守れるように努力する
などなど
お互いの価値観を理解し歩み寄る努力が必要です
自分がはみ出した分や管理を怠っている分は
他の誰かに物理的精神的負担を強いている可能性がある
無理な価値観の押し付けは
その時はよくても後々関係悪化など別の代償を払う可能性がある
ということを意識しましょう

人によって物に対しての
価値観は違います。

たくさん持った方が心が安定する人、
なるべく少ない方が暮らしやすいと思う人…。

どちらが正しいとか
どちらが間違ってるということはありません。

しかし一緒に暮らすわけですから
相手の空間を侵食したり
自分の価値観を押し付けたりすることは
人間関係にヒビが入りかねません。

お互いの価値観を尊重しつつも
お互いのストレスを軽減できるような
工夫と歩み寄りが必要です。

物の管理者が曖昧なことによって起きるトラブル

共有エリアを片付けている最中のこと
あ～ 昔のゲームの説明書が出てきた
こっちは それの空箱だね
ソフト本体は どこやったっけ?
ガシャ ガシャ
えっ 知らないよ～
誰も分からないってことは お父さんが知ってるんじゃない?
ちょっと聞いてみようか
PPPP…
もしもし
お父さん? おつかれさま
今ね 共有のエリアを片付けてて ゲームの空箱や説明書が出てきたんだけど
お父さん ソフト本体を知らない?
あーー

何年か前に全部売ったぞ
裸のままで
ガーン
え!?
あれは昔俺が買ったやつだしお前たちもすでに見向きもしてなかったじゃないか
う〜〜そうだけど〜〜
買ったのはお父さんだけどみんなで遊んでたのに〜
しかも箱や説明書がないままで売っちゃったの??
だって見つからなかったし
箱や説明書があった方が絶対高く売れたのに〜〜
その時は見つからなかったんだからしょうがないだろう

うーん
もったいない…
ピッ
物の住所や管理者が決まっていないと
物は全部もしくは部分的に行方不明になりやすくなり
こういうすれ違いが起きたりします
こういう事態を避けるためにも
物の住所を決めてそれを共有しておく
ゲーム関係は全部ここだからね
使ったら全部ここにしまってね
ハーイ
移動や処分などは共有している人たちで報告をし合う
入らなくなったから少し減らそう
これとこれを売らない？
面倒かもしれないけどこのあたりを気をつけていこう
はぁい

部屋も片付けて、最終的な物の総量を知る

共有部分の片付けも大事ですが
自分の部屋の片付けもしなくてはなりません
そうだった
エヘ♥
まずは
①物ごとに全部出す
②要らない物を徹底的に手放す
をしていきます
衣類で①〜②を行い
書籍で①〜②を行い
すべての物で①〜②を行います
いや〜しかし…
…

仕事の事務作業で
必要だから
マスキングテープを
残していたけど
共有スペースから
出てきたのを
全部合わせると
とんでもない量が
あるね…
ズーン…
3〜5個で
いいのに…
一カ所に集めないと
自分が持っている物の
本当の量は
分からないんだよね
共有スペースから
出てきた
マスキングテープを
必要な分だけ残して
破棄する
これで全部だと
思ってたら
自分の部屋からも
出てきたから
再度
必要な分だけ残して
破棄する
また
あった…
これで全部だと
思ってたら
見逃してたところから
更に見つけたので
再度
必要な分だけ残して
破棄する…
まだあるの!?

これを行ってやっと
必要な物を
必要な量だけ
残すことが
できるのです
ギクッ
いったい
私は
いくつ余計に
買ってたんだ…
理想
理想は一度だけで
①物別に全部出す
なんだけど
本は本棚と机にあるだけなので
これで絶対に全部です
実際は
スムーズに行かない
こともあって
今回みたいに
物があちこちに
収納されていた場合
追加で出てくる物を
合流させては
数を精査する作業の
繰り返しになったり
するんだよね…
現実
これで全部かな…
うわっ
こっちにも
あったんだ
マスキングテープ
だけじゃなく
服でも文房具でも
あらゆる物でこの作業を
しないといけないので
大変なんだ
こうならない
ためにも
同ジャンルの物は
基本一カ所に
保管することが
大切なんだよね
だね〜

「微妙な物」は「要る物」とまぜない

要らない物を手放している最中のこと
これは毛玉だらけだから捨てちゃおう
うん〜
う〜ん…これは〜〜〜…
使い道ないけどめちゃくちゃ可愛いんだよな…
でも使う予定は今のところない…
う〜ん…
とはいえ手放すのは難しいから「要る物」になるのかな
要る
ちょっと待った
そういう「微妙な物」を「要る物」に混ぜるのはNGだよ
ええ〜

う———でも！
これを今手放すのは
絶対無理だよ〜〜〜
ぎゅううっ
わ
わかったわかった
そういう時は
「保留」のエリアを
設けるといいよ
要る
要らない
売る
保留
ここに分類
要るとは
言い切れないけど
今すぐ手放すのが
どうしても無理な物は
「保留」エリアに
まとめるんだ
「要る物」と
「微妙な物」を
混ぜてしまうと
何度やっても
要る物だけに
ならなくて
結局仕分け直しに
なっちゃうんだよね
こんな風に
要る物だけに
したはずなのに…
要る物が
取り出しにくいのは
何でなのかな？
ぎゅう
ぎゅう
ガサ
えっ

「保留」がアリなら手放す物の中にもうちょっと考えたい物あったよ〜!
ガサ
ガサ
待って待って
いやいやいやいや
保留にしていいのはどうしても!っていう物だけだよ〜
いくらでも保留にしていいわけじゃないんだ
えっ
たとえば「ここに入るだけ」みたいな感じで保留にしていい量を決める必要があるんだよ
ううう…
ココ!みたいな
じゃあこのダンボールに入るだけを…
しょうがない…
保留を入れる場所は普段使ってる衣装ケースや引き出しの一部の利用をおすすめするよ
まだ条件あるの!?
ええ〜なんで?保留の物なのに邪魔じゃん

どうしても要不要を判断できない！
という保留の物は
思い出があって今すぐは手放せない…
使ってないけどもうちょっと考えたい…
今後しばらくきちんと向き合うことで要不要を決めないといけないわけなので
保留にしてたけどやっぱり使うから“要る”で！
こっちは結局使わなかったから“不要”で…
ダンボールなど普段目にしない場所にしまい込んでしまうと
向き合うことなく存在を忘れてしまうから
うわ〜保留の存在忘れてたッ
↑こうなりがち…
どうしても保留にしたい物がある時は
「保留」と「要る物」をまぜて保管しないこと
保留の物はよく目にする場所で管理して要不要の判断をちゃんとすること
を心がけましょう

ここまでのおおまかな流れ

散らかり方は千差万別なので
実際は①～③を行ったり来たりしながらになるとは思いますが
場所がなくて少しずつしかできなかったり
ここの収納分しか出せないぃ
家族の同意が取れなかったり
自分のは手をつけないで
ただやり方はどうあれ目的は
物別に一カ所に集めて
自分が何をどれだけ持っているかを可視化し把握すること
そして必要な物を必要な量だけ残すこと
です
要らない物や余分な物を抱えたままいくら片付けても
問題を先送りしているだけでいずれまた散らかってしまいます
残っちゃったしとりあえず収納しちゃえば片付くでしょ
片付けても片付けてもすぐ溢れるぅぅ
大変ではありますが一度自分の持ち物をリセットしてみましょう

自分の性格に合わせた収納を目指す

さて
すべての場所から
全部出して
「自分の物」で
「必要な物」を
「必要な量」
抽出したところで
いよいよ
収納していく
わけなんだけど…
どんっ
※実際には数日かかっています
収納に関しては
どんな物においても
「自分の性格や生活で
片付けを
継続しやすいこと」
…を重視する
必要があるのね
あーそれ
単行本で
見た！
物は
ジャンルごとに
収納！
Tシャツ
スカート
備品
収納ケースには
ラベルを貼る！
オンシーズンの物を
取り出しやすい位置に！
オフシーズンの物を
取り出しにくい位置に！

みたいな感じでしょ？
ビシッ
そうそう そんな感じ
ただ前に漫画で紹介した収納方法はあくまで彼女たちに向いてた方法なだけだから
Aさん
Pさん
Mさん
Fさんがその中で「少しでもやりにくい」「こんなの続かない」と思うことがあったら絶対マネはしないでほしい
他人の心地よさと自分の心地よさは全然別だから
うーん… 自分の心地よさかあ…

あなたは漫画で
結構収納ケースの
利用を推奨してたけど…
こういうやつ
正直私は服に
衣装ケースを使うの
苦手だから
今まで通り
ハンガー収納を
中心にしたいかな
テヘ
うんうん
全然いいよ！
うーん…あとは…
衣装ケースの中身を
立てて収納を
推奨してたけど
私は今までずっと
収納ケースに関しては
平置きで結構
うまくいってたと
思うのね
だから平置きに
したくて…
こういうふうに
ええと

私が言ってたからとか世間ではそれが普通とかそういうのは関係なく自分がどう収納したら快適に継続できるかがすごく大事なのね
私が言ってることはあくまで「提案」であって「正解」ではないから
ホッ
…そうか…
何となく「今まで全然片付いてなかったのに何を言ってるんだ！」って思われちゃうかな～と思って…
思わないよ～
でもやってみてやっぱり合わないって思ったら一つの方法に固執せずに柔軟に考えてみてね
了解っす！

自室以外の収納に向いている物、向いていない物

さて
ここからは自室以外に保管する物の保管の仕方なんだけど…
※共有スペースの収納から「要らない物」を排除して収納を減らすことができた
バス トイレ 他
Fさん
妹さん
親御さん
共有で使う収納
Fさんが主に利用する部屋の外の収納は親御さんのクローゼット
自室以外の収納に入れる物は「存在を絶対に忘れない物」でなくてはいけないんだ
僕は
存在している
そ存在を絶対に忘れない物？
例えば服の場合
私の部屋に冬服が一枚もない！
という時はどこにあると考える？
どこ？
どこ？
…そりゃ他の部屋の収納にあるって思うでしょ
冬服全部捨てるとかありえないし…
その通り

そんな感じで部屋の外の収納向けなのは「存在を忘れない物」なんだ
服なんて毎日使うし忘れようがなくない？
大げさ〜
いやいやいや
ちょっと前に共有スペースから大量に使わない服が出たのをお忘れか〜〜
そうだった(笑)
存在を忘れる服の分け方は
自室の収納にはよく使う一軍の服や物
自室以外の収納には二軍の服や物
みたいな分け方ね
まさに私がこの間までしていた収納方法だけど…
なんでそれだと忘れちゃうの？
一軍があればことが足りてしまうからね
あ〜…
お気に入りの一軍の服で不自由なく暮らせてるのに
二軍の服の存在を思い出せる人はなかなかいないと思う
わーこっちにもあったの忘れてた！
だいたいこうなる…

ちなみに前のページで出た「保留の物」も自室から出すことをおすすめしません
保留だから部屋の外に…
ギクッ
自室から出す物は「用事ができたら必ずアクセスする物」に限ります
用事がない物はアクセスすることなく99％死蔵します
しん…
…
個人的にはこんな感じかなと思います
自室以外の収納に向いている物
季節の家電
季節ごとに自発的に入れ替えるから
スーツケースや旅行バッグ
出かける時使うから
防災グッズ
消費期限チェックをメールアラート等でするのがおすすめ
冠婚葬祭用の服
用事があれば使（略）
ある程度のスパンで使う用事ができる物をおすすめします

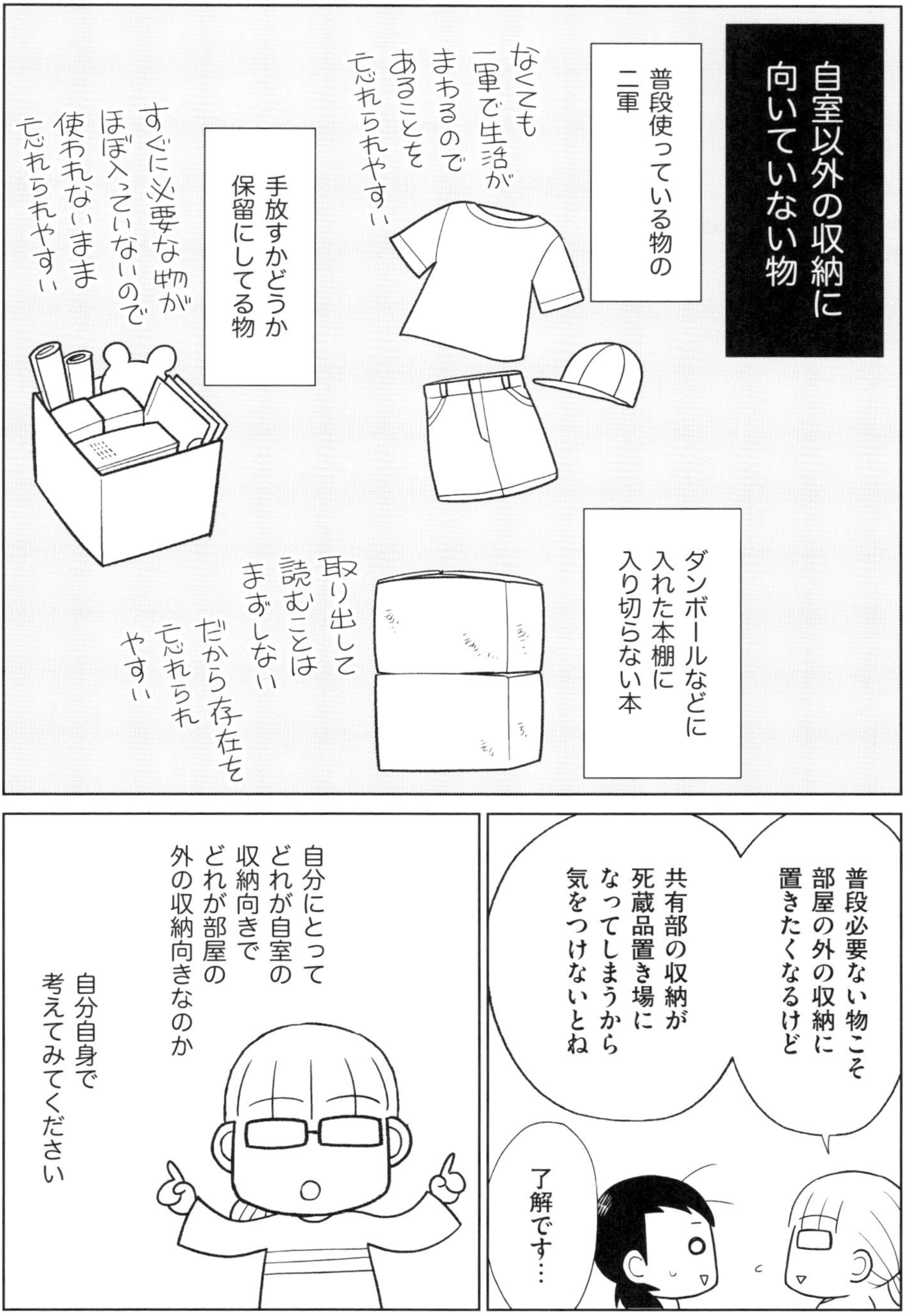

自室以外の収納に向いていない物
普段使っている物の二軍
なくても一軍で生活がまわるのであることを忘れられやすい
手放すかどうか保留にしてる物
すぐに必要な物がほぼ入っていないので使われないまま忘れられやすい
ダンボールなどに入れた本棚に入り切らない本
取り出して読むことはまずしないだから存在を忘れられやすい
普段必要ない物こそ部屋の外の収納に置きたくなるけど
共有部の収納が死蔵品置き場になってしまうから気をつけないとね
了解です…
自分にとってどれが自室の収納向きでどれが部屋の外の収納向きなのか
自分自身で考えてみてください

共有部分の使い方

はちゃめちゃ物を手放すことができたから
共有部分の収納じたいもだいぶ減らせたね
空《から》っ
ボロボロで虫が食ってた収納も手放せました…
うおお それはよかった
虫が食ってる
カビ生えてる
ただ次から言うことに注意しないとまた収納が増えてしまうのだ
ハイ…
家族が共有してるとありがちなのが
「物が増えやすい人が他の人のエリアを何となく侵食していく」
ということなんだけど
最初の割当てはこう↓
A
B
C
除々に何故かこんな感じに…↓
A
B A
C A
A A
物が増えた分だけ収納を増やしたり
人のエリアを侵食していたのではまた散らかってしまうので
狭い…

家族間で決めたエリアを
はみ出さないように
物の量をコントロールする
ことが大切だね
自分の
場所には
もう
入らない…
一度出して
量を減らそう
数が多い物や
使わない物を
減らそう
クローゼットでも
自分のエリアから
物が溢れてきた場合は
こっちが開いてるから
使わせてもらおう～
ではなく
溢れてきたから
不要になった物がないか
一度チェックしてみよう～
という意識を
常に持つ

入り切らないから収納を増やす
ではなく
持っている物の量を見直すことで
共有者全員が快適な状態を保てるんだ
そのためにも自分のスペースに空きがない状態で
むやみに物を買ったりもらったりするのは避けないとね
もらったけど自分のエリアに入れる所がない…
まあ少しくらい侵食していいでしょ
私の場所がなくなってるじゃん！
あ…
たしかになあ
あとは収納の割当について
これはFさんの部屋の収納の時も言ったけど
収納は使う人が出し入れしやすいようにする必要がある
例えばお母さんは腰が悪いということなので
そういうことも考慮して収納を割り当てる必要があるんだ

腰が悪い人は しゃがむことが 大変なので
そういう動作を しにくい位置を お母さん用に するとかね
腰や足が 悪いと これが できなくて
こうなって しまう
妹さんは 背が低めなので
少し低い位置に 物があっても いいかもしれない
全然平気〜
確かに このくらいの高さだと 全然苦じゃないわ
このあたりが ベストゾーン♥
スッ
スッ
共有部分の 収納を 一番使うのは お母さんだから
収納の割当は お母さんの 取り出しやすい位置を 優先的に決めようか
そうだね〜

収納を共有する時の注意点

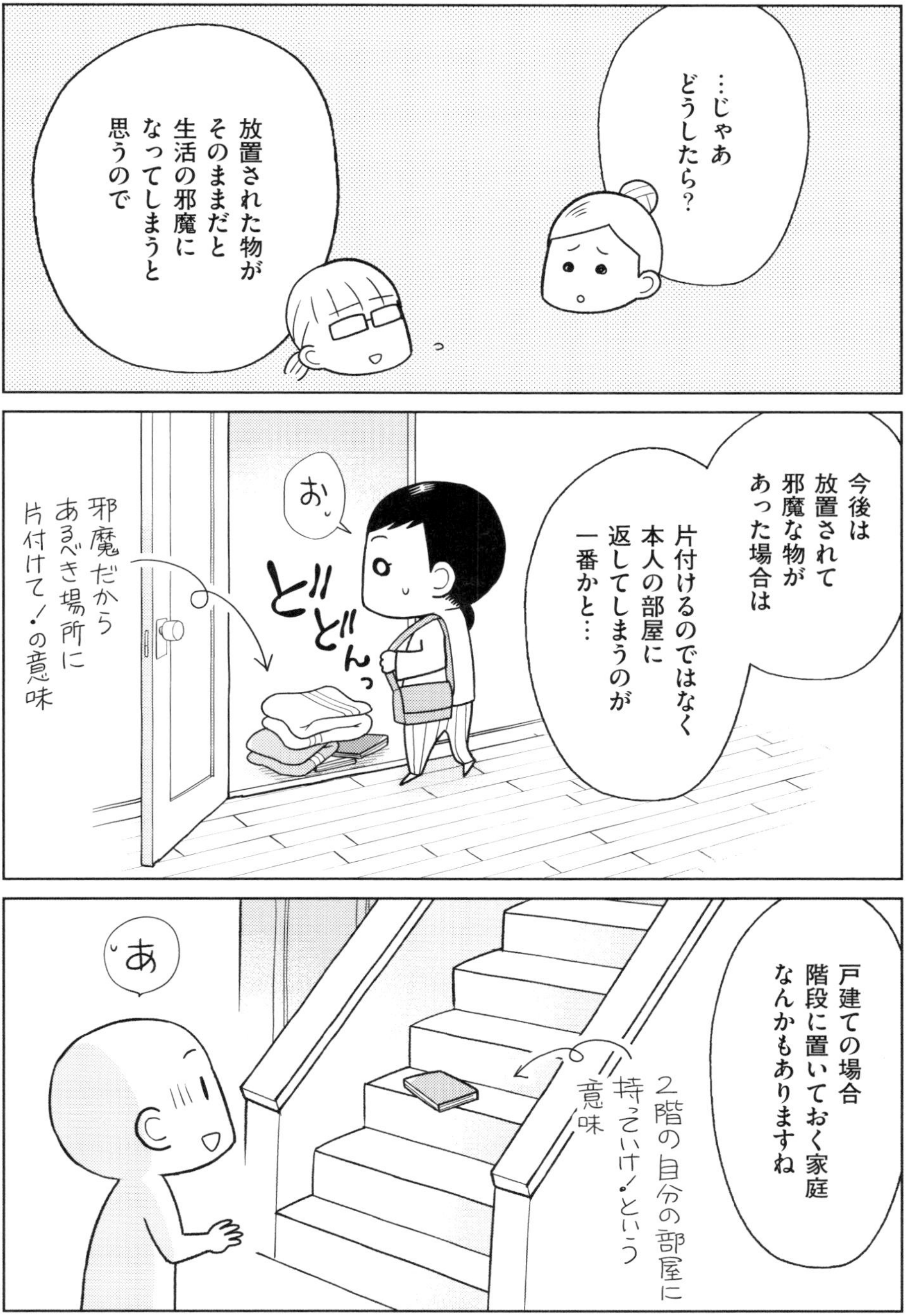
…じゃあ
どうしたら？
放置された物が
そのままだと
生活の邪魔に
なってしまうと
思うので
今後は
放置されて
邪魔な物が
あった場合は
片付けるのではなく
本人の部屋に
返してしまうのが
一番かと…
お
ど‼どんっ
邪魔だから
あるべき場所に
片付けて！の意味
戸建ての場合
階段に置いておく家庭
なんかもありますね
2階の自分の部屋に
持っていけ！という
意味
あ

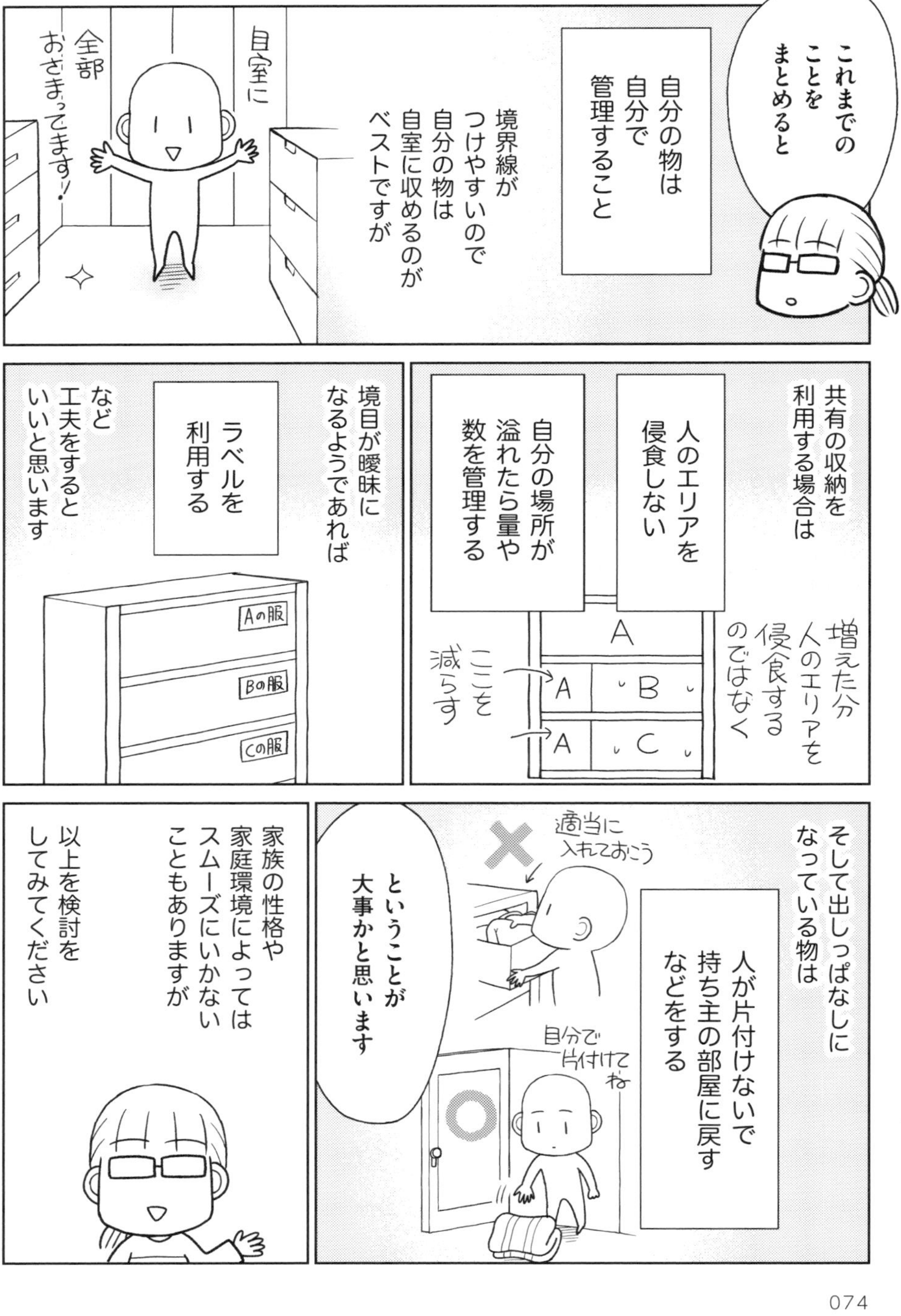
これまでのことをまとめると
自分の物は自分で管理すること
境界線がつけやすいので自分の物は自室に収めるのがベストですが
自室に全部おさまってます!!
共有の収納を利用する場合は
人のエリアを侵食しない
自分の場所が溢れたら量や数を管理する
増えた分人のエリアを侵食するのではなく
ここを減らす
A
A B
A C
境目が曖昧になるようであれば
ラベルを利用する
など工夫をするといいと思います
Aの服
Bの服
Cの服
そして出しっぱなしになっている物は
人が片付けないで持ち主の部屋に戻すなどをする
適当に入れておこう
自分で片付けてね
ということが大事かと思います
家族の性格や家庭環境によってはスムーズにいかないこともありますが
以上を検討してみてください

保留にしたやつ
やっぱり使わないなあ…
手放すか…

必要だとは言い切れないけど
今すぐ手放すのはどうしても無理、
という物は
「要る物」と混ぜてしまわず
「保留」にすることをおすすめします。

ポイントは
・**何でもかんでも保留にせず、厳選すること**
・**保留にしたことで安心せず、定期的に見直すこと**
・**保留だからといって奥にしまい込まないこと**
です。

これによって自分がどれくらいを
保留にしているのかが可視化されるため、
要る物と混ぜて曖昧にしておくよりも、
手放そうとする意識が働くようになります。

そして完了へ…

片付けが終わって数カ月後

Fさんのお家のリフォームが終わり

それに伴い片付けが終了しました

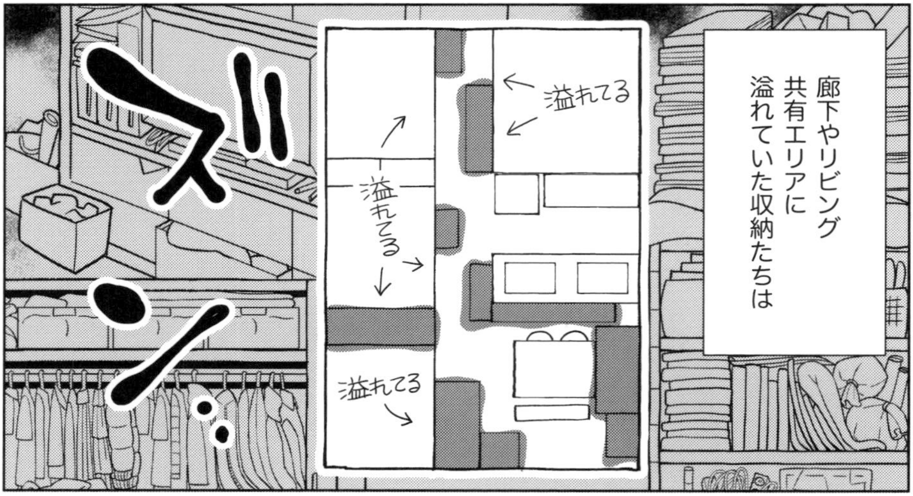
廊下やリビング共有エリアに溢れていた収納たちは
ズーン…
溢れてる
溢れてる
溢れてる

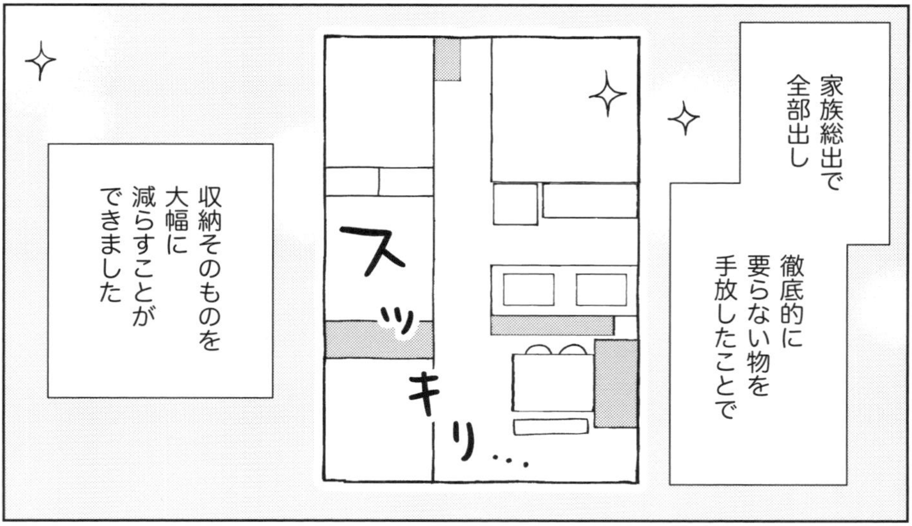
家族総出で全部出し
徹底的に要らない物を手放したことで
スッキリ…
収納そのものを大幅に減らすことができました

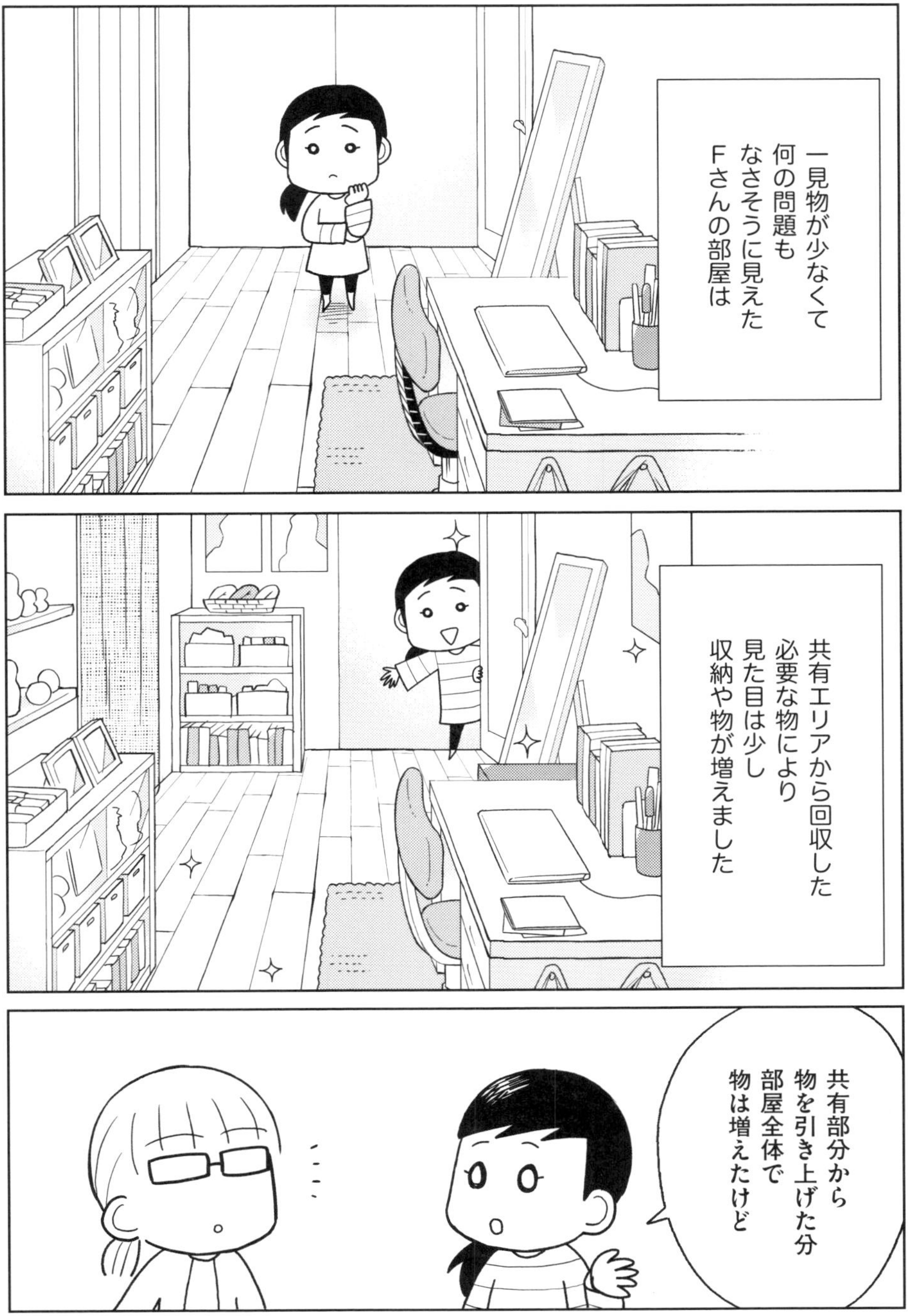
一見物が少なくて何の問題もなさそうに見えたFさんの部屋は
共有エリアから回収した必要な物により見た目は少し収納や物が増えました
共有部分から物を引き上げた分部屋全体で物は増えたけど
…

手元に置いて出し入れをしやすいようにしたことで
死蔵してた物が活用できるようになったよ
ぱっと出せる!
しまいっぱなしだと物って全然使わないんだなと思ったわ
うんうん
リフォームでクローゼットのドアも取り除いて開け締めの手間を省けたことも
出し入れのしやすさに繋がってるかな
カーテン式にしたよ〜
シャッ
ドアの開閉分スペースにも余裕ができるしね
この幅の分だけスペースに余裕ができる
管理がしやすいって本当に大事だよね

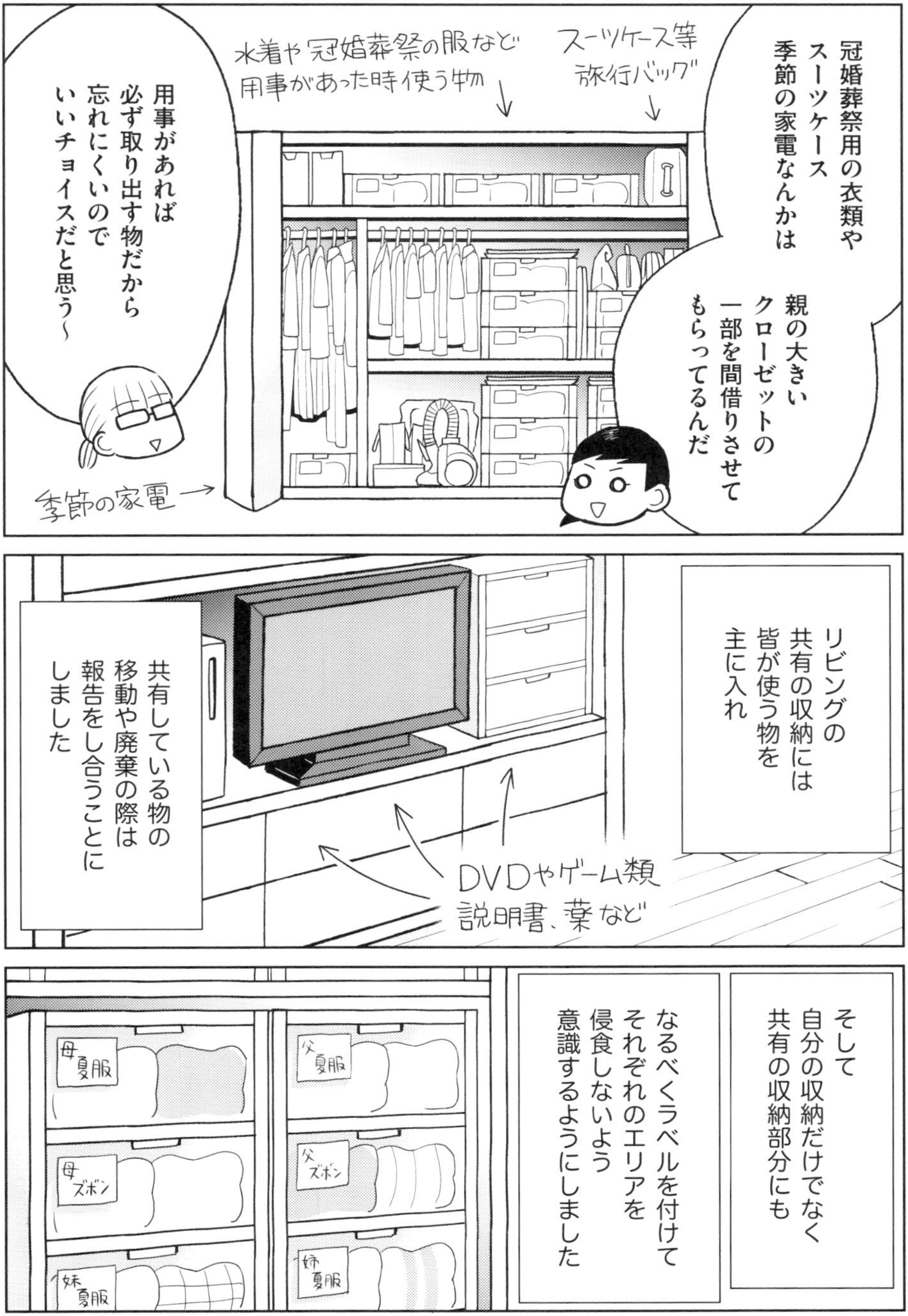

冠婚葬祭用の衣類や
スーツケース
季節の家電なんかは
親の大きい
クローゼットの
一部を間借りさせて
もらってるんだ
スーツケース等
旅行バッグ
水着や冠婚葬祭の服など
用事があった時使う物
用事があれば
必ず取り出す物だから
忘れにくいので
いいチョイスだと思う〜
季節の家電
リビングの
共有の収納には
皆が使う物を
主に入れ
DVDやゲーム類
説明書、薬など
共有している物の
移動や廃棄の際は
報告をし合うことに
しました
そして
自分の収納だけでなく
共有の収納部分にも
なるべくラベルを付けて
それぞれのエリアを
侵食しないよう
意識するようにしました
父
夏服
父
ズボン
母
夏服
母
ズボン

今回の片付けですべての物の住所をはっきり決めたことで
とりあえずここに置く
という行為をしなくなったし
収納から溢れたら部屋の外に出す
じゃなくて
あふれているからこれは捨てよう
数が足りてるから買うのは控えよう
物の量を見直すって気づいてからは
これ溢れてたからどうにかしてちょうだい
えー
入れる場所ないからこのあたりに収納を設けちゃえ
みたいなことがなくなったね

今までは
物が放置されてたら
片付けるのを
待ってられなくて
適当にそのへんに
しまっちゃってたけど
しまう場所は
ここって
分かっていれば
私がしまうことも
できるし
ゲーム関係はここ
だったわね
分からない場合は
各自の部屋に
放り込んでるわ
片付けないなら
本人の部屋に
戻す！
お父さんは
後合流だったから
意識を同じにするのは
もう少し時間がかかるけど
ほら～
要らない物
捨てていこ～
だいぶ物が
減ったな～
私たちの物が
あまりにも
減ったのを見て
かなり感化されて
今物を手放すのを
頑張ってる最中だよ
俺ももう少し
捨ててみるか…
必要な物を必要な数残すんだよ～

ここまで来るのは
めちゃくちゃ
大変だったけど
物が行方不明に
なりにくくなったし
ええと
あれは…
ここに
入れたんだった！
廊下が狭い…
何より家が
広くなったので
頑張ってよかったと
思ったよ
スッキリ
それでは
今回の片付けは
これで完了と
いうことで
おつかれさま
でした〜！

僕は
存在している

まとめ

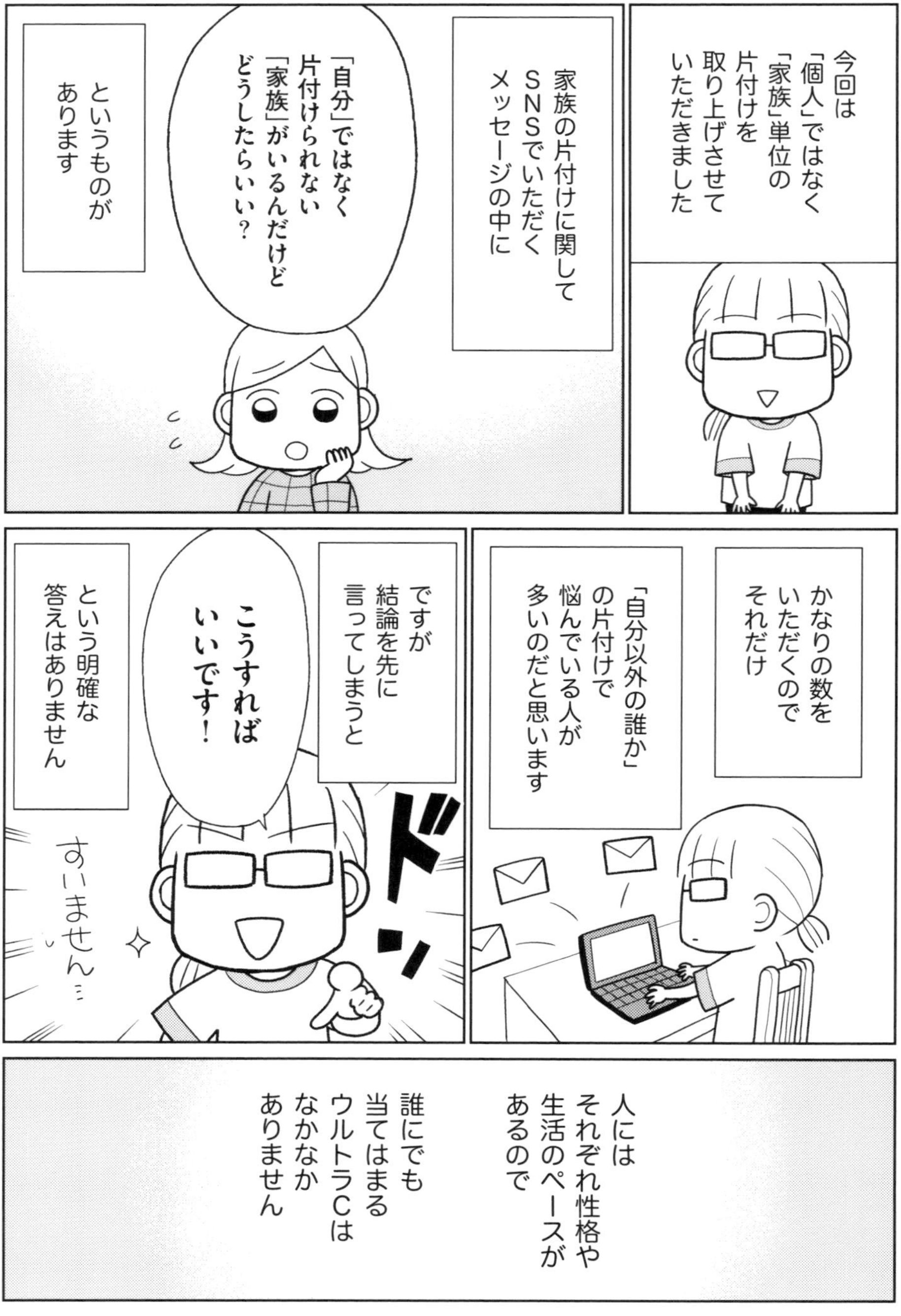
今回は「個人」ではなく「家族」単位の片付けを取り上げさせていただきました
家族の片付けに関してSNSでいただくメッセージの中に
「自分」ではなく片付けられない「家族」がいるんだけどどうしたらいい？
というものがあります
かなりの数をいただくのでそれだけ
「自分以外の誰か」の片付けで悩んでいる人が多いのだと思います
ですが結論を先に言ってしまうと
こうすればいいです！
ドンッ
という明確な答えはありません
すいません…
人にはそれぞれ性格や生活のペースがあるので
誰にでも当てはまるウルトラCはなかなかありません

今まで漫画で取り上げた片付けに関しても
どれも一見とてもスムーズに片付いているように見えますが
実際は何日もかかっていたり
片付けに対する意欲やペースが人それぞれ違ったり
本当に様々なのです
やってもやっても終わらない〜〜
自室は物が多くても気にならないからこれ以上は捨てないし〜
しかしこれで終わってはあれなので
今まで片付けに意欲的でない人が行動を変えたきっかけになった例を
いくつかご紹介したいと思います
① 自分が率先して片付けてメリットを目の前で見せる
人は口頭でいくら片付けによるメリットを説明されても
即行動！とはなかなかなりません
わかってるけど面倒だし…
あ〜片付けた方がいいのはわかってるんだけど…

まずは自分のエリアを徹底的に片付けてみる
よーし これもこれも手放すか〜〜!
バッサ
バッサ
収納を便利に使っていることを話に出してみる
衣装ケースにしたら服の出し入れが楽になった〜〜!
圧縮袋使ったら収納がガラガラになった〜〜!
などをしてみると
なんか思ったより難しくなさそうだし一緒にやれそうだし
自分もやってみようかな…
とつられて行動した人がわりといたように思います
ただ言われるより具体的に「何をどうするのか」の情報が目に直接入ってくるので
自分にも再現性があると感じるのだと思います
捨てる物出たから捨てといてくれない?
いいよーー! どんどん行こう!

② 本人の性格に合うよう片付けのハードルを下げる
片付けができる人にありがちなのは
相手も頑張れば自分と同じようにできるはず
努力あるのみ！
という思い込みです
片付けが苦手な人は
片付けなさい！
…と言われても
ビクッ
何をどうしていいか分からない
とりあえずこの箱に詰めとけばいいかな？
ので
ギュ
ギュ
一生懸命片付けてもどうせリバウンドするし…
はーやめやめ…
メンドくさー
ぐったり…
…となってしまい
付け焼き刃的にしか片付かない上に片付けが更に苦手になってしまいます

そしてこれもまたよくあるお悩みで
うちの家族は具体的に何度も教えているのに片付けができない
うちの家族は片付けてあげてるのにすぐにリバウンドしてしまう
というケースに関しては
「片付けができる人基準の片付け」になっているので
片付けが苦手な本人は片付いた状態を維持できない
という可能性があります
片付けの難易度が本人の片付けレベルを超えていると
片づけのために都度部屋とリビングの往復が必要
おもちゃを部屋に持っていきなさい！
どこに何を入れればいいの？
重い
分別が細かい
ぱっと見戻す所がわからない
維持がなかなかできません

子供ならともかく
大人だったらできるはず
と思いがちですが
大人でも
几帳面な人
大雑把な人
色んな人が
いるので
その人が
継続できるような
片付け方にする
工夫が必要です
たたむのが
苦手なら
全部ハンガーに
してみよう
ハーイ
やや極端な例ですが
何度言っても
部屋にお皿を
溜め込んでしまう
家人に対して
お皿が
足りなく
なるから
使ったら
台所に
戻してよ!
あ〜
忘れてた…
紙皿を
使わせるようにした
人もいました
使ったら
都度
捨ててよ!
は〜い

これが解決になっているかは
微妙ですし
紙皿代などが
かかってしまいますが
何度言っても
直らない
そのたびに
喧嘩になる
くらいなら
支払った方が
いいコストだと
割り切ったとのことです
一番安いやつなら
まあいいか…
どこまで
譲り合えるかの
ラインが
難しいところでは
ありますが
世間の常識や
自分の方法に
相手を合わせ
させようとして
うまくいかない
のであれば
相手に合った方法で
欲しい結果が
得られるように
工夫してみることを
おすすめします
一口に片付けと言っても
どの方法がその人に合うかは
本当に千差万別です
言われ
なくても
習得する人
簡単!
教えられれば
できる人
こうで
ああで
ああ!
自分に合った
方法なら
できる人
そもそも
やる気が
ない人

本屋さんやネットにある片付け情報の内容が様々なのは
人によって正解が違うからです
全部捨てた方がいい派
捨てない方がいい派
物順に片付けよう派
一カ所を徹底的に片付けよう派
内容や口調が違って混乱するとは思いますがこれらはすべて
こうしなきゃ絶対片付かないからやりなさい！
という「強制」ではなく
私や私と同じタイプの人はこれでうまくいったけど
あなたもどう？
という「提案」だと捉えた方がいいです
私を含め他人がしている様々な提案の中から使えそうな手段をピックアップし
それらを自分や家族が継続できそうな方法にカスタムすることが大切なのです

「ちゃんとしなきゃ！」をやめたら

二度と散らからない部屋になりました

家族の悩みも解決編

ここから先は『東京ウォーカー』に掲載された漫画です

ハンガーにこだわることのメリット

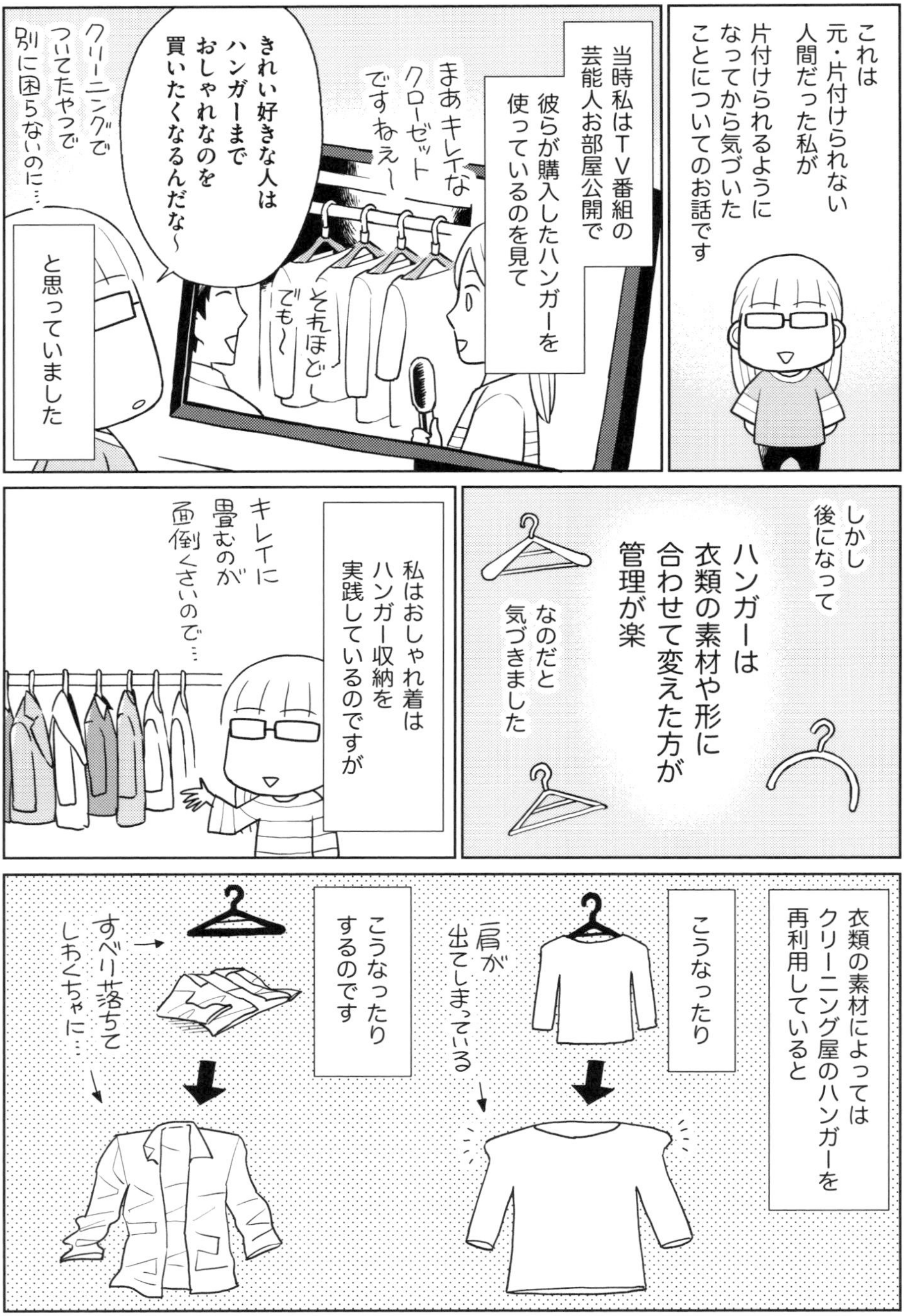
これは元・片付けられない人間だった私が片付けられるようになってから気づいたことについてのお話です
当時私はTV番組の芸能人お部屋公開で
彼らが購入したハンガーを使っているのを見て
まあキレイなクローゼットですねえ〜
それほどでも〜
きれい好きな人はハンガーまでおしゃれなのを買いたくなるんだな〜
クリーニングでついてたやつで別に困らないのに…
と思っていました
しかし後になって
ハンガーは衣類の素材や形に合わせて変えた方が管理が楽
なのだと気づきました
私はおしゃれ着はハンガー収納を実践しているのですが
キレイに畳むのが面倒くさいので…
衣類の素材によってはクリーニング屋のハンガーを再利用していると
こうなったり
肩が出てしまっている
こうなったりするのです
すべり落ちてしわくちゃに…

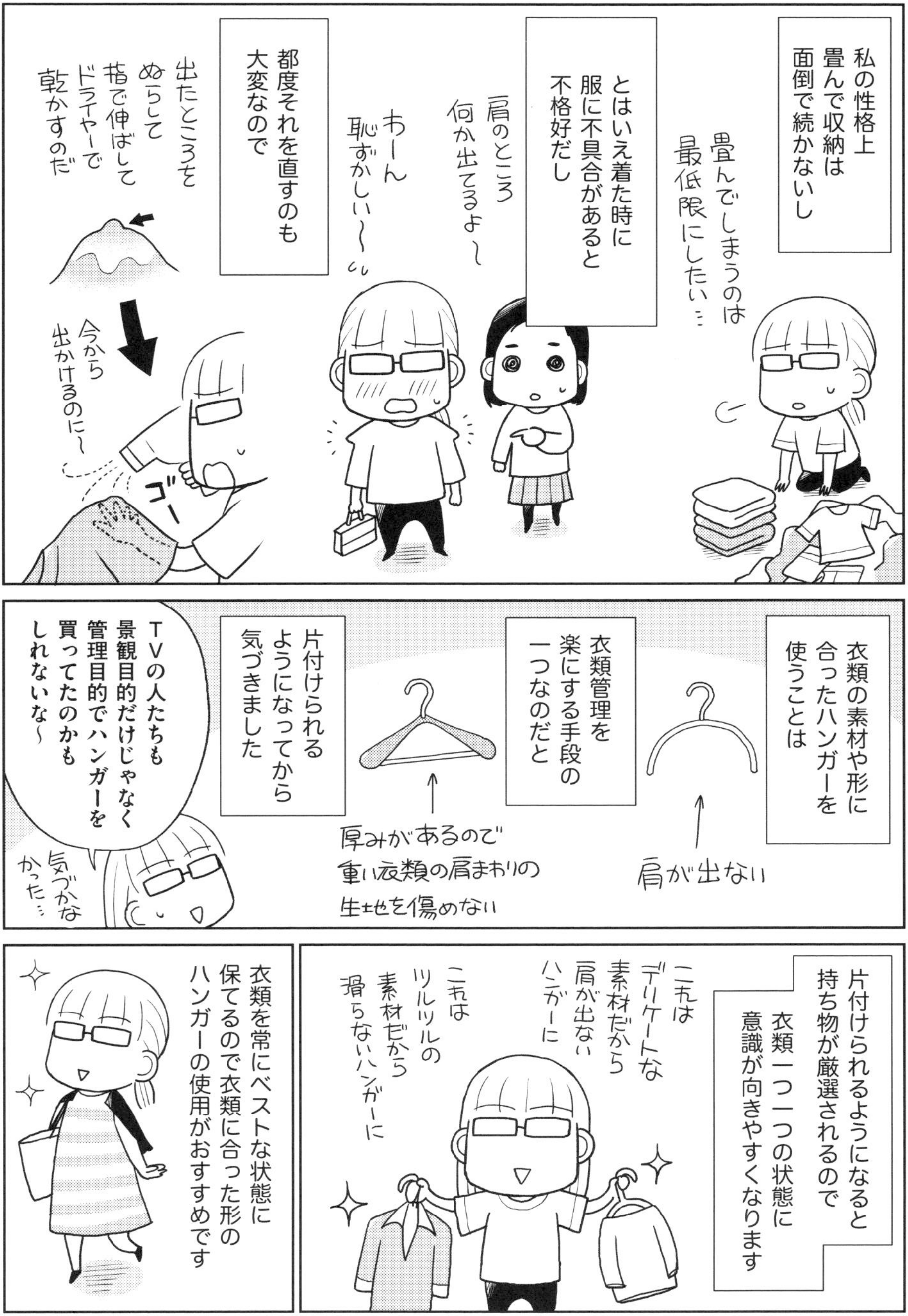
私の性格上
畳んで収納は
面倒で続かないし
畳んでしまうのは
最低限にしたい…
とはいえ着た時に
服に不具合があると
不格好だし
肩のところ
何か出てるよ～
わーん
恥ずかしい～
都度それを直すのも
大変なので
出たところを
ぬらして
指で伸ばして
ドライヤーで
乾かすのだ
今から
出かけるのに～
ゴー
衣類の素材や形に
合ったハンガーを
使うことは
肩が出ない
衣類管理を
楽にする手段の
一つなのだと
厚みがあるので
重い衣類の肩まわりの
生地を傷めない
片付けられる
ようになってから
気づきました
TVの人たちも
景観目的だけじゃなく
管理目的でハンガーを
買ってたのかも
しれないな～
気づかな
かった…
片付けられるようになると
持ち物が厳選されるので
衣類一つ一つの状態に
意識が向きやすくなります
これは
デリケートな
素材だから
肩が出ない
ハンガーに
これは
ツルツルの
素材だから
滑らない
ハンガーに
衣類を常にベストな状態に
保てるので衣類に合った形の
ハンガーの使用がおすすめです

※この方法で直らない素材の衣類もあります

服を買う時に気をつけること

私が服を買う時に気をつけていることについてのお話です
Sale!
デザイン
値段
TPO
服を買う際に気をつけることは色々あると思いますが
¥5000
結論から言うと
ここ
洗たく表示や素材が書いてあるタグ
です
40
低
ドライ
69% ポリエステル
31% レーヨン
以前私はふんぱつしてすごく素敵なデザインのすごく高い服を購入したことがありました
素敵なのですがとにかく素材がデリケートでどれも洗濯機不可でクリーニングに出す必要がありました
2枚で2000円です〜
ハーイ…
クリーニング
夏服なのでクリーニング必須
そのうちクリーニングに出すのが惜しくなり素敵な服なのに死蔵するようになりました
おーい
ここぞ！という時だけ着ることにしよう…

しかもついつい
ケチってしまい
試しに
手洗いしてみよう
と実行した結果
ちょっとくらい
大丈夫でしょ
こうなりました
色落ち
ズーン…
ちぢみ
ああああああ
高かったのにぃいいいい
※洗剤や洗い方によって手洗いが可能な物も
ありますが当時はそれも知らなかった…
その経験から私は
洗濯機で回せない
素材の服は極力買わない
洗濯機
楽だ〜
ゴゥン
ゴゥン
買うなら手間やお金をかける
価値があるかを考える
これは
気に入ってるから
いちいち
手洗いしても
全然イイ!
という意識に変わりました
年1回着ただけで
クリーニングに
出したくないので
冠婚葬祭用の物など
あまり使わない衣類ほど
洗濯機で洗える物を
なるべくチョイスします
そのまましまうと
虫が食ったりするので…
クリーニング必須な
コート類も枚数を厳選し
あちこち着ないように
心がけています
1シーズンに
2〜3種程度に
しています…
今はネットでも手軽に
各素材の特性や
洗濯表示の意味が
調べられるので
知っておくと
服の管理に便利です
ポリエステル
綿
レーヨン
キュプラ
よかったら参考に
してみてください

残すべきポイントカードの選び方

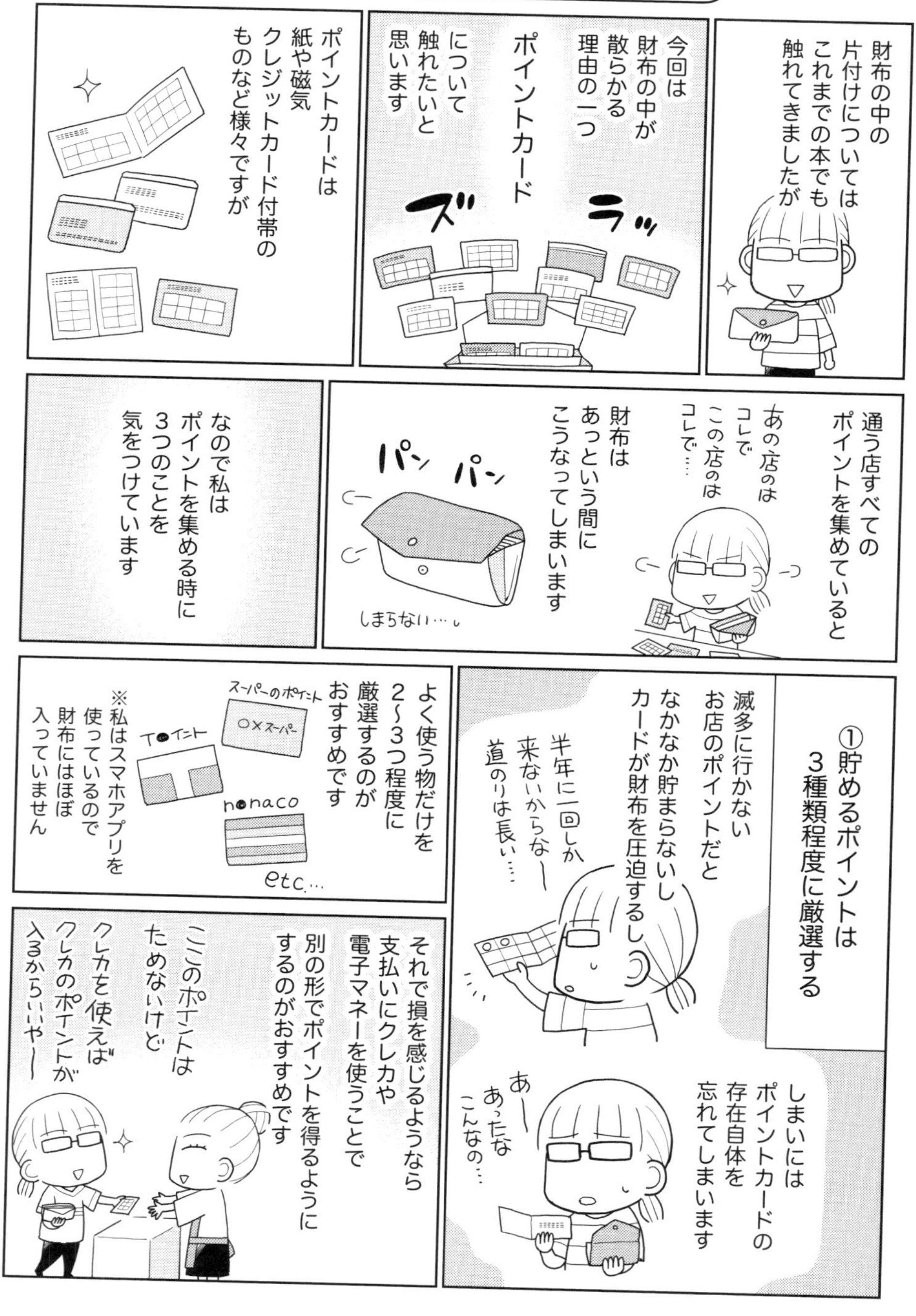

財布の中の片付けについてはこれまでの本でも触れてきましたが
今回は財布の中が散らかる理由の一つ
ポイントカード
について触れたいと思います
ズ
ラッ
ポイントカードは紙や磁気クレジットカード付帯のものなど様々ですが
通う店すべてのポイントを集めていると
あの店のはコレで この店のはコレで……
財布はあっという間にこうなってしまいます
パン パン
しまらない…
なので私はポイントを集める時に3つのことを気をつけています
①貯めるポイントは3種類程度に厳選する
滅多に行かないお店のポイントだとなかなか貯まらないしカードが財布を圧迫するし
半年に一回しか来ないからな〜
道のりは長い…
しまいにはポイントカードの存在自体を忘れてしまいます
あ〜
あったなこんなの…
よく使う物だけを2〜3つ程度に厳選するのがおすすめです
スーパーのポイント
○×スーパー
T●イント
n●naco
etc…
※私はスマホアプリを使っているので財布にはほぼ入っていません
それで損を感じるようなら支払いにクレカや電子マネーを使うことで別の形でポイントを得るようにするのがおすすめです
ここのポイントはためないけど
クレカを使えばクレカのポイントが入るからいいや〜

②固定費こそクレジットカードでポイントを貯める
無駄遣いに繋がるのでクレカは使いたくない
という人もいると思うのですが
NO
固定費の支払いならクレカでも現金でも出る額は同じなので私は可能な物はすべてクレカで支払っています
知らない間にポイントがたまる…
スマホ代
家賃
保険料
気をつけたいのはクレカのポイント還元率です
ここを意識することでもらえるポイント数がかなり変わってきます
どうせクレカを作るならポイント還元率のよいものを選ぶのが大切です
同じだけ使っても
こっちは ← 0.5％
こっちは ← 1.2％
③ポイントを貯めた時の特典をちゃんと確認する
ポイントカードは
ポイントカードお作りしますか？
はい
のやりとりで何となく作ってしまうので
そのポイントを貯めることで何が得られるか
を知らずに貯めている人がけっこういたりします
一生懸命貯めた！達成感！
となっても
もらえるものが試供品だったり
何万円分も買ってもらえるのが百円の割引券だったりします…
どうぞ〜
え…
あんなに頑張ったのに…
ハハ…
100円
財布の中の片付けも部屋の片付けも
管理できていないといずれ散らかる
のは一緒です
時間をかけて貯めるほどの価値がある代物なのかそれを考えてみると財布から解雇できるポイントカードはかなり多いと思います
これは特典いらないし
これはたまらないからいいや〜
何かの参考になれば幸いです

形式的な感謝で失敗しがちなこと

私の友人の話になりますが彼女の親御さんから
田舎から食べきれないくらい大量のフルーツを贈られたのよ
夫婦2人でこんなに食べ切れるわけないのに…
あちゃ～
困ったねえ
ということがあったそうですが問題はその後で
その大量のフルーツをそのまま一人暮らしの彼女の家に送ってきたそうです
どんっ
フルーツあなた好きでしょ？
2人でも食べきれないって言ってたのに一人でどうしろってのよ～！
……あ
「あ」って…
人に物を譲る時人は
捨てるのに罪悪感があるから誰かに譲ってしまいたい
自分がいいと思う物だから人にあげたい
という自分の都合を優先してしまい
相手の都合を後回しにしがちです
贈り物は感謝の気持ちを示すための物
もらった物は特に処分しづらいものです
人に物を贈る時には相手の立場に立って考えた物を贈るように心がけ
お相手の家に不要な物を増やさないようにしましょう
苦手なモノや好きなモノを聞いたらメモするとか…

「大掃除」よりも「小掃除」

年末といえば
大掃除の季節です
大掃除といえば
一年溜め込んだ汚れを落とす！
一気に片付けをする！
というイメージですが
個人的には「大掃除」ではなく
「小掃除」
を行うことをおすすめします
「小掃除」とは
月に1回1カ所をいつもより丁寧に片付けや掃除をし
これを各所毎月行うことです
今月は念入りに台所の掃除や片付けをする期間
とか
消毒とか換気扇の掃除とか…
靴箱の中を全部ふこう
今月は玄関まわりの片付けと掃除をする期間
とか

小掃除のいいところは大掃除でありがちな
途中で挫折する
キッチンの片付けと掃除に夢中になってたら
他の場所が全然手をつけられなかった…
ピカ
ピカ
ぐちゃ。
疲れて適当になる
家全部を拭き掃除するのすっごい大変～
疲れたしささっと拭けばいっかぁ
大してわかんないでしょ…
さっ
さっ
となるのを回避しやすいところです
どこをいつ片付けや掃除をするか
季節に合わせて決めるのもおすすめです
エアコン掃除をチェックも兼ねてシーズン前の今やるか～
もしも壊れてても今なら業者さんに依頼しやすいし
※繁忙期はもしも不調が見つかっても予約が取りにくいです…
小掃除の頻度は月1を推奨しましたが
個人の都合やお家の大きさで決めていいと思います
忙しい時期はやらずに時間がある時期に！
12
大掃除をいつもやりきれない人や
はりきってやりはじめても中途半端で終わってしまうと悩んでいる人は
大掃除ではなく小掃除を試してみてください

気をつけないと大損に!?

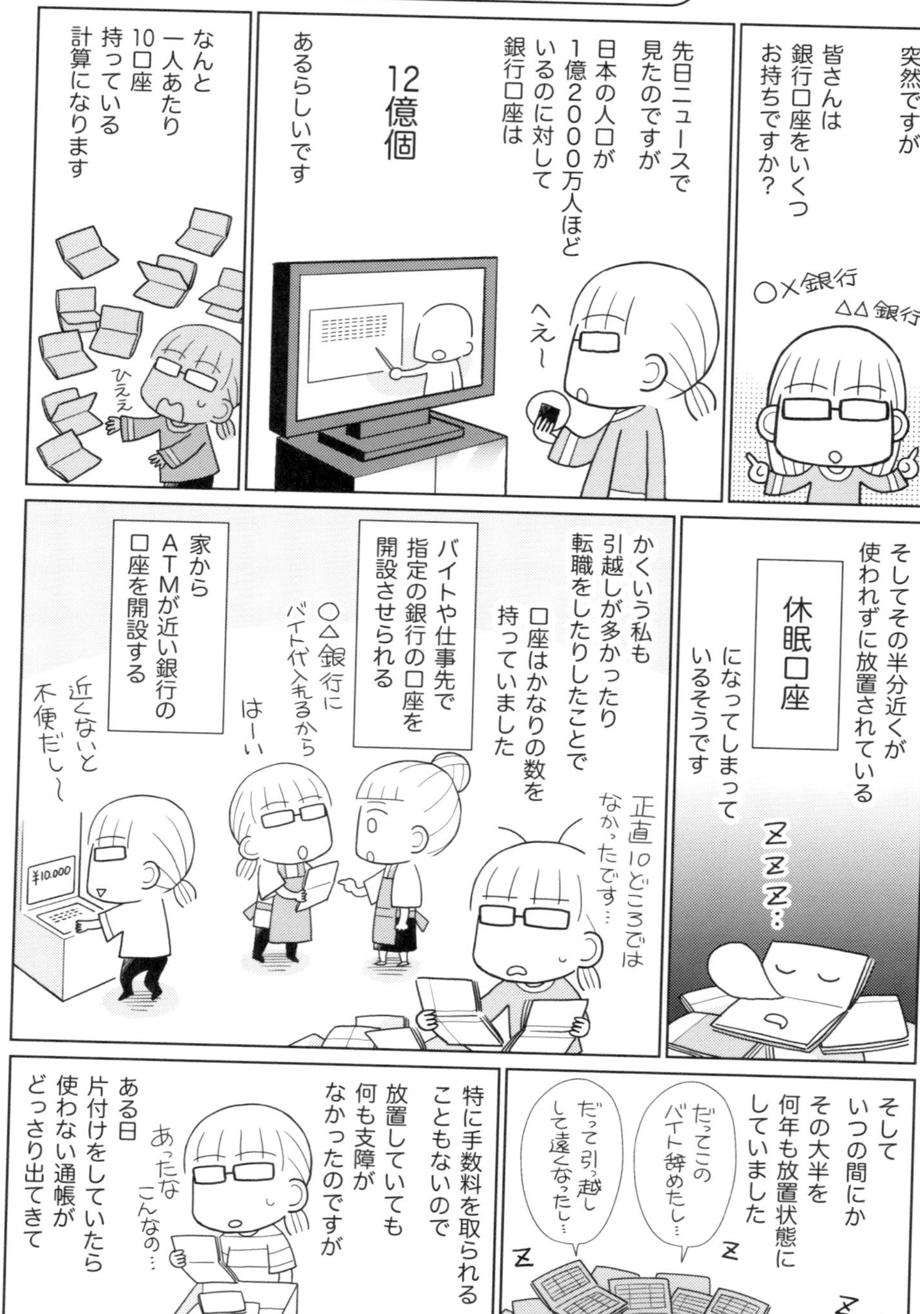
突然ですが
皆さんは
銀行口座をいくつ
お持ちですか？
○×銀行
△△銀行
先日ニュースで
見たのですが
日本の人口が
1億2000万人ほど
いるのに対して
銀行口座は
12億個
あるらしいです
へえ～
なんと
一人あたり
10口座
持っている
計算になります
ひええ
そしてその半分近くが
使われずに放置されている
休眠口座
になってしまって
いるそうです
ZZZ…
かくいう私も
引越しが多かったり
転職をしたりしたことで
口座はかなりの数を
持っていました
正直10どころでは
なかったです…
バイトや仕事先で
指定の銀行の口座を
開設させられる
○△銀行に
バイト代入れるから
はーい
家から
ATMが近い銀行の
口座を開設する
近くないと
不便だし～
¥10,000
そして
いつの間にか
その大半を
何年も放置状態に
していました
だってこの
バイト辞めたし…
だって引っ越し
して遠くなったし…
Z Z Z Z
特に手数料を取られる
こともないので
放置していても
何も支障が
なかったのですが
ある日
片付けをしていたら
使わない通帳が
どっさり出てきて
あったな
こんなの…

もしも私が今突然死んでこれを見たら
家族や親戚が困るかもしれないなあ…
こんなところに通帳があるぞ
使ってるやつかしら
でも中身ゼロ円になってるよ
通帳記入してないだけかもよ？
そもそも何で同じ銀行のカードが2枚もあるんだ？
↑合併
休眠口座の維持には莫大な費用がかかってしまうということで現在銀行は口座維持手数料の導入を検討しているそうです
月額△円頂きます〜
（2021年現在）
今後それがどういう形で実現していくかはわかりませんが
あなたは無意味に手数料を取られてしまうような口座の持ち方をしていないでしょうか
あーん この口座あるの忘れて放置してたら手数料で残高が減ってるうう〜
50,000
−200
−200
⋮
−200
−200
−200
36,000
そうならないためにも一度持っている口座を見直す必要があると思います
これはいらない
これももうまとめちゃお
一見部屋の片付けとは関係ないことのようですが物であろうと口座であろうと不用品に埋もれていると他人はもちろん自分でもうっかり管理しそこねることに繋がります
どこにどれだけお金あったっけ？
この書類必要なやつだっけ？
いわゆる終活をする年齢でなくてもいざという時のためにも普段からの整理整頓が大切だと思います
こっちは貯蓄用
こっちは生活費用
私はこの2つだけ！
よかったら参考にしてみてください

“使ったけどまだ洗わない服”の片付け方

日々
生活していく上で
必ず発生する
「洗った服」と
「これから洗う服」
厳密には更に
「使ったけど
まだ
洗わない服」
があります
コートとか
カーディガンとか
そういう服たちを
適当に管理していると
あれ？
これ洗ったっけ？
くんくん
洗った洗濯物
山のそばにあるから
洗ったような…
あれぇ？
どっち？
という具合に
困ったことになります
これだけなら
まだいいのですが
洗ってない衣類を
下手に収納して
しまっていると
あれ？
なんか臭い…
スンスン
って穴が空いてる！
虫が食ってる??
やあ
あれ？？
こっちはカビが!!
やあ
高かったのに〜〜〜！
ということに
なりかねません

この事態を避けるためには
「洗ってある服」と「洗ってない服」以外に
「使ったけどまだ洗わない服」専用の置き場所を作っておくことです
クローゼットの手前などに専用の箱や衣類かけを作ってそこに収納します
マフラーなどよく使う物もセットにしておくと便利
どうしても一カ所にまとめなくてはいけない場合は目印をつけて
防虫剤など
ここから右は洗った物
ここから左は洗ってない物
といった形で区別します
使ったけどまだ洗わない服を管理できるようになると効率よく服を着回せるので「ちょっとだけ着てクリーニングに出す服」を減らすことができます
全部一～二度着ただけなのにクリーニングに出さないといけない～
← こうならない
片付けに重要なのは全部の物にしまう先の住所を決めること
使ったけどまだ洗わない服にも住所を設けてあげましょう

片付けられない原因は“完璧主義”だから？

意外に思われるかもしれませんが片付けができない原因の一つに
「完璧主義」
があります
片付けられないのに完璧主義…？
一見真逆のように思いますが実はちゃんと根拠があって
それは
？
どうせ片付けるなら完璧にやりたい
という気持ちです
せっかく片付けるなら服を色別や丈別に並べたい！
これを機に収納具も全部買い換えよう！
だったり
キッチンは収納の中まできっちり美しく！
見た目をそろえるために同じメーカーで統一しよう！
インテリア
などなど

ただでさえ
大変な片付けの
ハードルを
まだまだ
先は長い…
収納グッズ
を選ぶ
収納グッズを
買いそろえる
買った物を
配置する
自慢できる
完璧な
お部屋!
片付けが苦手なのに
完璧主義の人は
自らどんどん
高くしてしまうのです
それ故に
いつまでも
片付けに
取りかかれない
ズーン…
片付けるのは
完璧にやれる時だから
今じゃないいな
やっと
片付けだしたと思ったら
力尽きて挫折
思ってたより
ものすごく
時間かかる…
もう体力
尽きちゃったし
また今度でいいか…
ここだけ
キレイにした
となりやすいのです
そして
片付けと並行して
家具や
収納グッズを
新調しようと
するのも
危険な行為でして

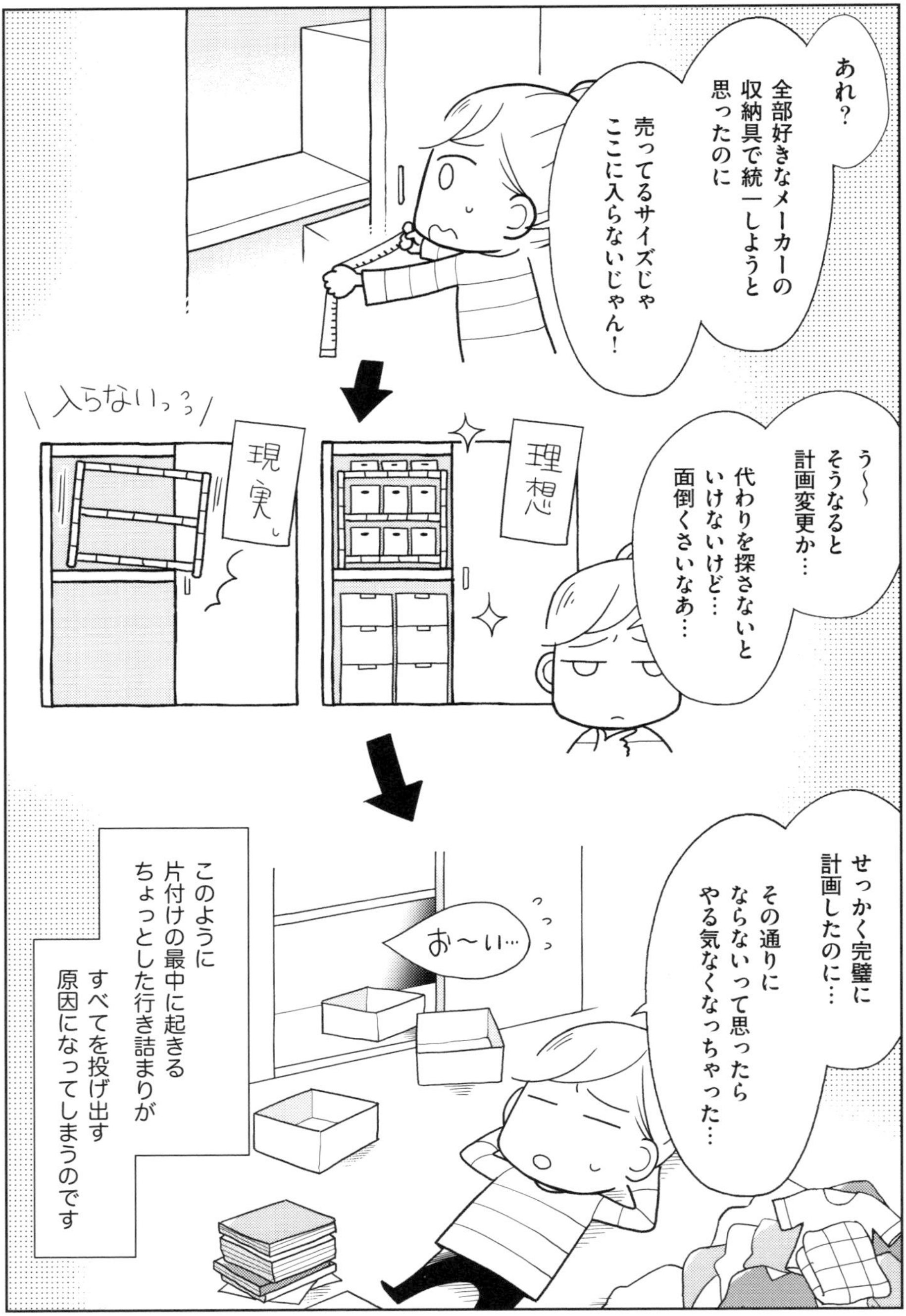
あれ？
全部好きなメーカーの
収納具で統一しようと
思ったのに
売ってるサイズじゃ
ここに入らないじゃん！
理想
現実
入らないっっっ
う〜
そうなると
計画変更か…
代わりを探さないと
いけないけど…
面倒くさいなあ…
せっかく完璧に
計画したのに…
その通りに
ならないって思ったら
やる気なくなっちゃった…
お〜い…
このように
片付けの最中に起きる
ちょっとした行き詰まりが
すべてを投げ出す
原因になってしまうのです

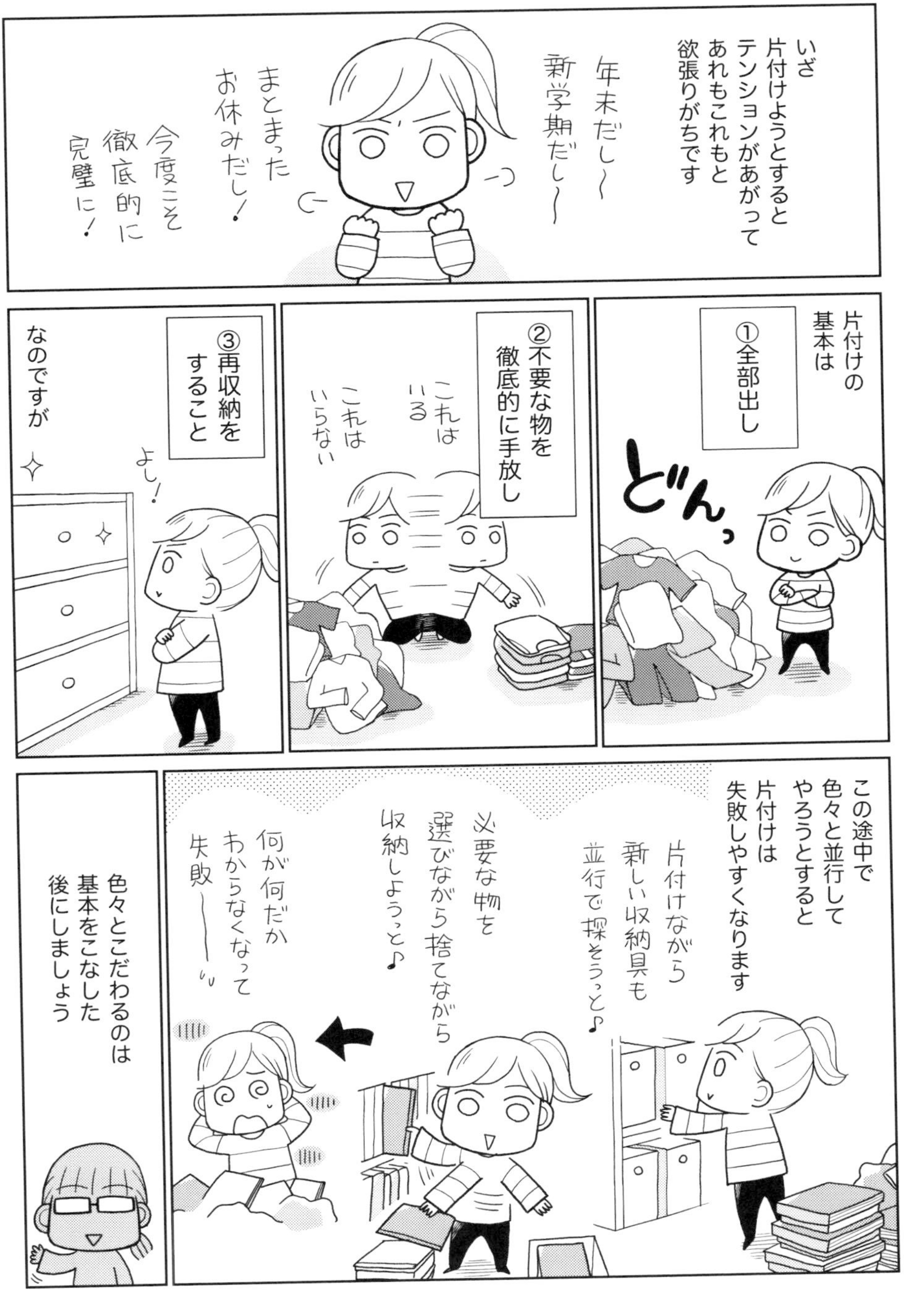
いざ片付けようとするとテンションがあがってあれもこれもと欲張りがちです
年末だし～
新学期だし～
まとまったお休みだし！
今度こそ徹底的に完璧に！
片付けの基本は
①全部出し
どんっ
②不要な物を徹底的に手放し
これはいる
これはいらない
③再収納をすること
よし！
なのですが
この途中で色々と並行してやろうとすると片付けは失敗しやすくなります
片付けながら新しい収納具も並行で探そうっと♪
必要な物を選びながら捨てながら収納しようっと♪
何が何だかわからなくなって失敗～～
色々とこだわるのは基本をこなした後にしましょう

デッドスペースの有効活用

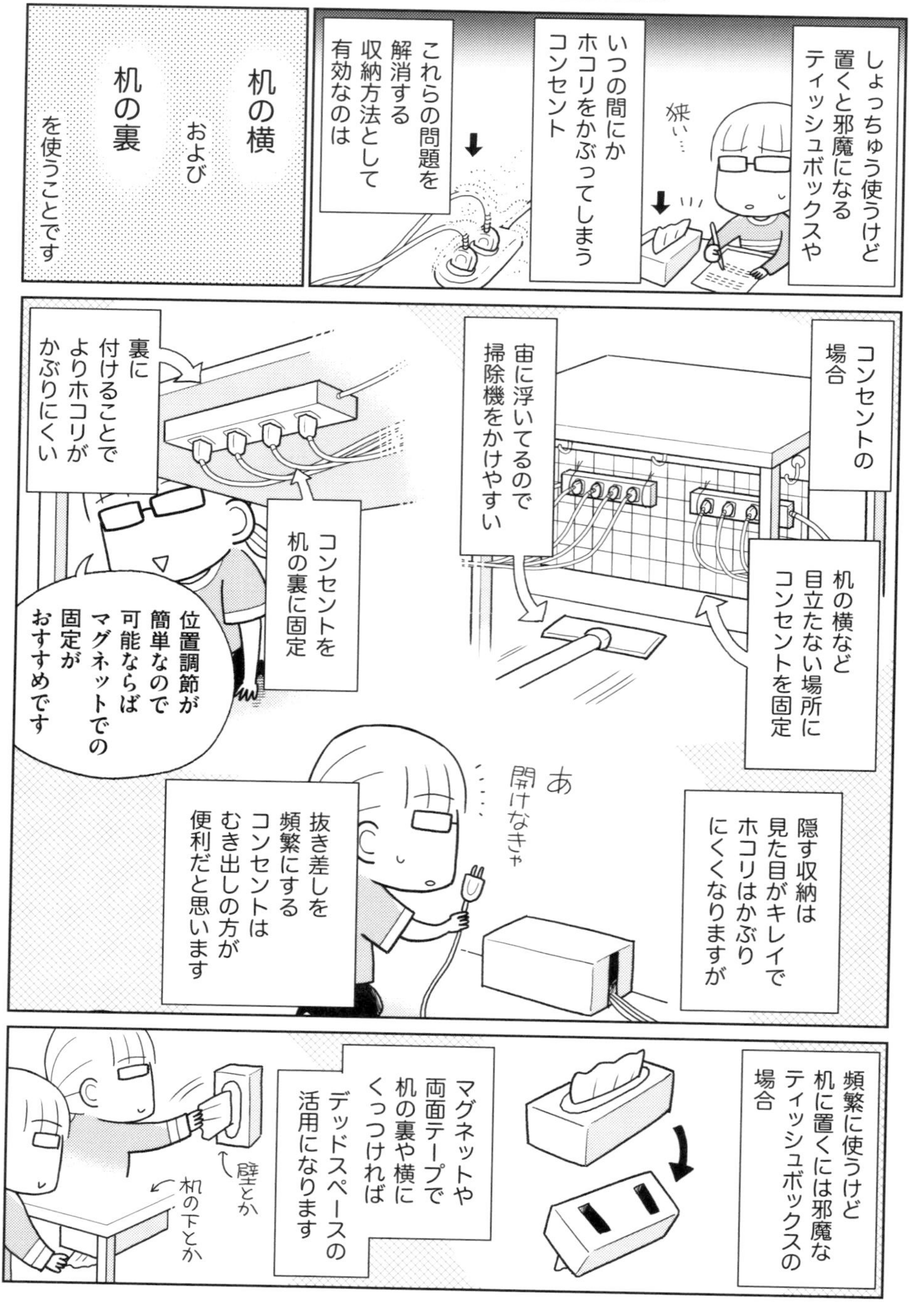
しょっちゅう使うけど置くと邪魔になるティッシュボックスや
狭い…
いつの間にかホコリをかぶってしまうコンセント
これらの問題を解消する収納方法として有効なのは
机の横
および
机の裏
を使うことです
コンセントの場合
机の横など目立たない場所にコンセントを固定
宙に浮いてるので掃除機をかけやすい
裏に付けることでよりホコリがかぶりにくい
コンセントを机の裏に固定
位置調節が簡単なので可能ならばマグネットでの固定がおすすめです
隠す収納は見た目がキレイでホコリはかぶりにくくなりますが
あ
開けなきゃ
抜き差しを頻繁にするコンセントはむき出しの方が便利だと思います
頻繁に使うけど机に置くには邪魔なティッシュボックスの場合
マグネットや両面テープで机の裏や横にくっつければデッドスペースの活用になります
壁とか
机の下とか

これらを実現する商品はすでにいろんな企業から出ていますが
マグネット付きティッシュケース
コンセントボックス
マグネット付きコンセント
お金をかけたくない方は100均などで購入したグッズを組み合わせて作ることができます
コンセントに両面テープやマグネットやマジックテープを張る
ワイヤーに結束バンドでコンセントを固定
これらのグッズを使用する場合は耐荷重に気をつけてください
経験上表示の重さの半分くらいかなと…
マグネット
2kgまで
わー落ちた！
ボテッ
気をつけないとこうなります
コンセントのホコリに関しては祖母が晩年広い田舎の家の手入れが行き届かず
コンセントのホコリでボヤを起こしたことがありまして
キレイ好きな祖母だったのですが…
掃除機が届きにくいところほどホコリ対策は必要だと思いました
少しの工夫でその先の管理が楽になるのでぜひ試してみてください

手間をかけるほど必要かどうかを考える

突然ですが
私はだいぶ前に加湿器をやめました
乾燥しているな
と感じる時は
ケホ
濡れたタオルを干すようにしています
洗濯物でも可
これだけでも数パーセント程度湿度が変わります
40%
44%
加湿器をやめた理由は
管理が面倒だから
です
カルキ汚れが気になったり…
カビなどが排出されないよう中の洗浄をしたり…
もちろん使用頻度や機能的にどうしても必要で管理の手間をかけてでも使いたいということなら
赤ちゃんのために湿度高めにしたり
部屋が広いから加湿器じゃないと間に合わない
加湿器に限らずどんな物でもその人にとっては必要な物ということになります
食洗機
コーヒーメーカー

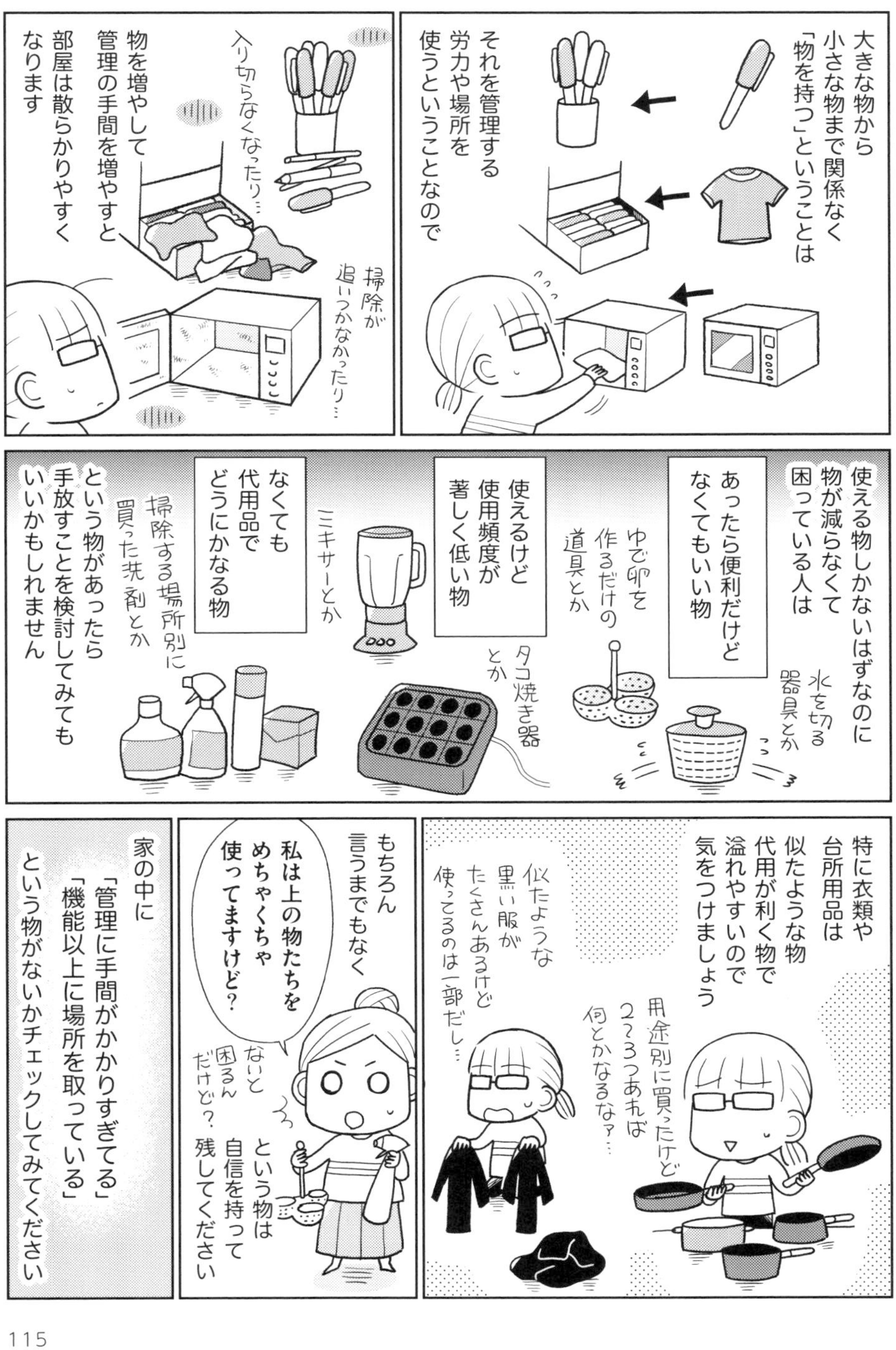
大きな物から
小さな物まで関係なく
「物を持つ」ということは
それを管理する
労力や場所を
使うということなので
物を増やして
管理の手間を増やすと
部屋は散らかりやすく
なります
入り切らなくなったり…
掃除が追いつかなかったり…
使える物しかないはずなのに
物が減らなくて
困っている人は
あったら便利だけど
なくてもいい物
水を切る器具とか
ゆで卵を作るだけの道具とか
使えるけど
使用頻度が
著しく低い物
タコ焼き器とか
ミキサーとか
なくても
代用品で
どうにかなる物
掃除する場所別に買った洗剤とか
という物があったら
手放すことを検討してみても
いいかもしれません
特に衣類や
台所用品は
似たような物
代用が利く物で
溢れやすいので
気をつけましょう
用途別に買ったけど2~3つあれば何とかなるなァ…
似たような黒い服がたくさんあるけど使ってるのは一部だし…
もちろん
言うまでもなく
私は上の物たちを
めちゃくちゃ
使ってますけど？
ないと困るんだけど？
という物は
自信を持って
残してください
家の中に
「管理に手間がかかりすぎてる」
「機能以上に場所を取っている」
という物がないかチェックしてみてください

第4の選択肢

片付けで必要なのは
①全部出し
②必要な物だけを残し
③再収納すること
なのですが
②の「必要な物だけを残す」という行為が徹底できず
なかなか物を減らせない…
これもこれも念のため残したい…
全然減らない…
という人も多いのではないでしょうか
そしてついつい
「必要な物」と「たぶん？必要な物」
を一緒に再収納してしまい
絶対必要
たぶん？必要
絶対必要
たぶん？必要
絶対必要
「結局利用する物はほんの一部」という状態から脱出できないのです
一度全部引っぱり出したのに結局あんまり減ってない…
ぎっしり…
使ってるのも一部だけ…
そこで個人的におすすめなのは
保留の物は保留の物で別に保管する
です
もちろん何でもかんでも保留にすることはおすすめしませんが…
あくまでどうしてもという物だけ…

手放す判断がどうしてもできない…
念のため残したい…
と思って保留にした物でも
一カ所にまとめてみると
この引き出し全然使ってない物ばっかりだな〜
と強く実感できます
前の出番は1年以上前
そして実際生活してみると確実に使う物のエリアは使う物しか入っていないので管理がしやすくなりますし
いつものやつ♪
スッ
念のため残した保留のエリアは思った以上に出番がないことに気づきます
ココ
そういえばあのエリアあれから一度も使ってないなァ
そして一カ所にまとめたことで要不要の再検討作業が簡単になります
全然使ってないしこれもこれももういいかー
ポイ
ポイ
ポイントは
保留の物を奥にしまい込まないこと
です
奥にしまい込むことで要不要の再検討がしづらくなり保留の物が死蔵品になりかねません
保留の保存エリアは普段使っている引き出しの一角などがおすすめです
○
何度考えても使わないから手放そう
×
うわー
しまい込んでてあったの忘れてた…
物を減らせない人は「保留」を試してみてください

持っている理由を説明できますか？

今回は クレジットカードの 話をしたいと思います
片付け漫画で クレジットカード…？
どういう関係が…？
と思う方も いるかも しれませんが 「物を持つ」 ということは 「物を管理する」 ということなので
物を 持ったら どう使うか どこにしまうか などを決める
それができなければ 無駄に物が増えて 散らかるのと同じで クレジットカードの 管理も例外では ありません
何に使うか どこにしまうか わからない 物がたくさん…
皆さんは今 何枚のクレジットカードを 持っているでしょうか
そしてそのカードを 持っている理由を 一つ一つ説明 できるでしょうか
説明というのは
このカードは よく使う 通販サイトで 使ってるんだ
そのサイトで使えば 2%ポイント 還元があって 他で使っても 1%還元なんだ
たまったポイントは そのサイトで すぐ消費できるから 使いやすいんだよ
という説明ができるか どうかであり
2%
1%
¥1,000 −50ポイント ¥950
このカードは… 何かですすめられたから 作った？ ような？
ポイントの還元率は ……分からない
たまったポイントは どこで使うのかな？
とりあえず ためてるけど 使ったことないや
有効期限？ さあ…いつだろう…
いかがですか？
あ
ポイント 289pt 使うためには まず下のボタンから云々〜
ボタン
という具合だとそのカードは 管理できていないということになります

クレジットカードを管理できていないと
枚数がかさんで財布が膨れる
知らない間に年会費がかかってる場合がある
えっ使わないと年会費とられるカードだったのこれ？
500円/年
出費が管理しづらい
どれがどの明細だっけ？
ポイントを有効活用できない
あー期限切れ
等のデメリットがあります
ポイントの管理が面倒な人は
普段よく使うポイントがついて
そのポイントを買い物の時に即時使えるカードを選ぶと
管理が簡単な上にポイントの使い忘れがないです
ポイントつけておきました～
ハーイ
ポイントで払います
ハーイ
逆に多少管理の手間がかかっても別にいいという人は高還元率のクレジットカードなども選択肢に入れられると思います
高還元率のカードはポイントが申請制だったりポイントの有効期限があったりする
スケジュールアプリで申請時期を管理するから大丈夫～
そろそろポイント交換時期だよ
うまく活用できていないクレジットカードは思い切って解約して数を厳選しましょう
電話一本で解約できることがほとんどです
解約したいんですけど～
ポイントの還元率も大切ですが自分の性格的に管理に無理のないカードを選んで使うことがポイント消失等も防げて最終的には一番お得なのではないかと思います
一枚にしたら集中してポイントも貯まるし使うのに面倒がないし
私にはこのカードが向いてるのかも！

“いざという時”について具体的に考える

皆さんは
どのような基準で
防災用品を
購入していますか？
年々
防災用品をそろえよう
という意識も高まって
いるように思います
ただ 皆さん
それらの管理は
ちゃんとできて
いるでしょうか
どんっ
災害が
他の地域で
起きる
震度5が…
大雨で川が
決壊して…
あわわ
焦って
防災グッズを
そろえる
食料と水と…
あ！電池も！
ガスコンロも
あった方がいいかも！
そのまま
しまい込む
カンペキ！
数年後
期限切れや
劣化を
起こしてる
うわあ…
そういえば
買ってたわ…
このように
せっかくそろえた
防災グッズも
いざという時に
役に立たなければ
意味がありません
これ
消費期限
一年前だ〜〜
こっちも…
私が
実践している
災害グッズの
管理方法ですが

まず
スケジュール管理
アプリなどで
半年から
年に1度程度
お知らせが来るように
設定します
そろそろ
チェックして～
あ
これをしないと
災害ニュースが
チェックのきっかけに
なりがちなのです
そういや
うちは大丈夫
だっけ？
あっ期限切れ
食料品の場合
紙に内訳と
消費期限を書き
保存している
箱に貼って
おきます
水2ℓ×6
2020.3
アルファ米
30食分
2025.3
箱をいちいち
開けなくても
中身が確認できるので
最初は多少
面倒ですが
後が楽なので
おすすめです
おっそろそろ
水を買い換えかな
これらの食料は
「災害時の
水や食料の供給が
断たれた時」
物流が止まって
店が開いて
ないとか
休業
断水とか
「災害が来なくて
消費期限を
迎えた時」
もうすぐ
消費期限だから
食べようっと
に使うわけですが
ここで
落とし穴になるのが
食べ慣れない物を
大量にそろえてしまうこと
です

災害時 ただでさえ大変な時に 食べ慣れない物を 食べるのはキツイものです
ガリガリ
おなかはすいてるけど 乾パンばっかり 3食は無理だ〜〜
そして消費期限 だからといって 食べ慣れない物を大量に 食べるのもキツイので
普段 乾パン 食べないんだよな〜〜
缶詰も 食べ慣れない… まだ大量にある…
小さい子や お年寄りは特に 食べられない可能性も…
いらない おいしくない〜〜
硬くて 食べられ ない…
それが次への備えが 億劫になる理由にも なりかねません
どうせ 災害は 来ないし…
食べたり 捨てたりするのも しんどいし 2〜3個でいっか…
いざという時 連続で食べても 苦にならない物を 選ぶように しましょう
調理済の好きな味の スープ類とか
お湯があれば食べられる米とか
羊かん等の お菓子とか
様々なおかずの 真空パックとか
缶に入ったパンとか
ガスコンロが あれば お湯も沸かせるし 煮たり 焼いたり 湯煎ができたり 食べられる物の 幅が増えます
事前に味見をするのも オススメです

停電時に有効な
モバイルバッテリーや
充電池などの場合
USB扇風機を動かせたり…
スマホ類を充電できたり…
放置していると
放電してしまうので
定期的な充電が必要になります
使おうと思ったらもう10%切ってる!?
10%
これも定期的な
チェックを推奨する
大きな理由です

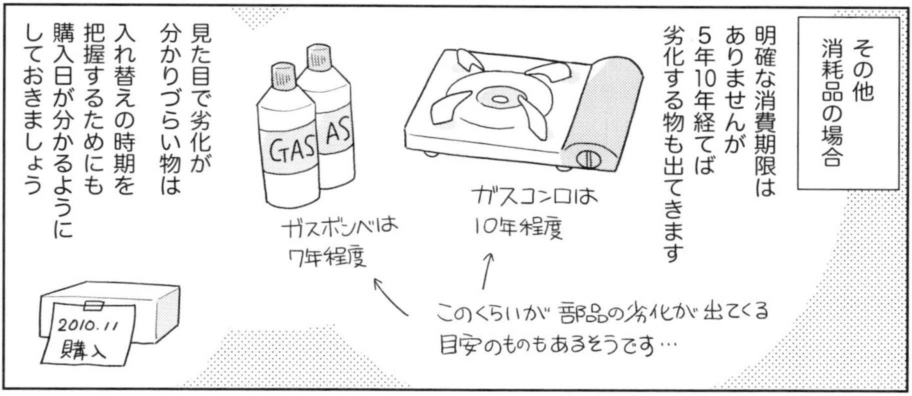
その他
消耗品の場合
明確な消費期限は
ありませんが
5年10年経てば
劣化する物も出てきます
ガスコンロは10年程度
GAS
AS
ガスボンベは7年程度
このくらいが部品の劣化が出てくる
目安のものもあるそうです…
見た目で劣化が
分かりづらい物は
入れ替えの時期を
把握するためにも
購入日が分かるように
しておきましょう
2010.11
購入

ペットシーツやオムツなど
吸水機能がある紙類は
未使用でも湿気と乾燥で
劣化する場合もあるので
わー
ヒビが
入ってるぅ〜
こっちも
ボロボロに
なってる〜
普段遣いの物を
少し多めに買っておく
習慣を持つなど
長期保管に
ならないようにする
工夫が必要です

災害はいつ
どのような形で
来るか分からないので
完璧に準備することは
なかなか難しいのですが
よくわからないけど
市販の防災袋があれば
大丈夫っしょ
何が入ってるのか
覚えてなーーい
防災袋
ではなく
実際に
災害が起きて
ライフラインが
絶たれた時のことを
想像しながら
準備することが
大切です
停電
電気がつかない
オール電化だと料理が困難
電化製品が使えない
充電できない
お湯が出ない
断水
トイレやお風呂が使えない
手が洗えない
水が出ない
洗濯ができない
水や食料が手に入らない
食べ慣れない物しか手に入らない可能性
アレルギー
好き嫌い
問題等
例えば防災用品を
しまう場所
消化器を
台所に置いても
いざという時
使えない可能性が
あります
わあああ
近づけないッ
ゴォオオオ
床下に入れてて取り出せないなど

足腰が不自由なのに
天袋の奥に
持ち出し袋を置くのも
いざという時に
取り出せない
可能性があります
防災袋
台がないと
届かないわねえ
危ない…
貴重品に関しても
あちこちに置いて
しまいがちですが
ある程度
まとめておかないと
通帳と印鑑は
別にしとかなきゃ
いざという時に
持ち出すことが
できないのは
困ります
あわわわ
あれやこれは
どこだったかしら
普段使っている
証明書等について
管理状態についての
アンケートを
SNSで取ったのですが
年金手帳
健康保険証

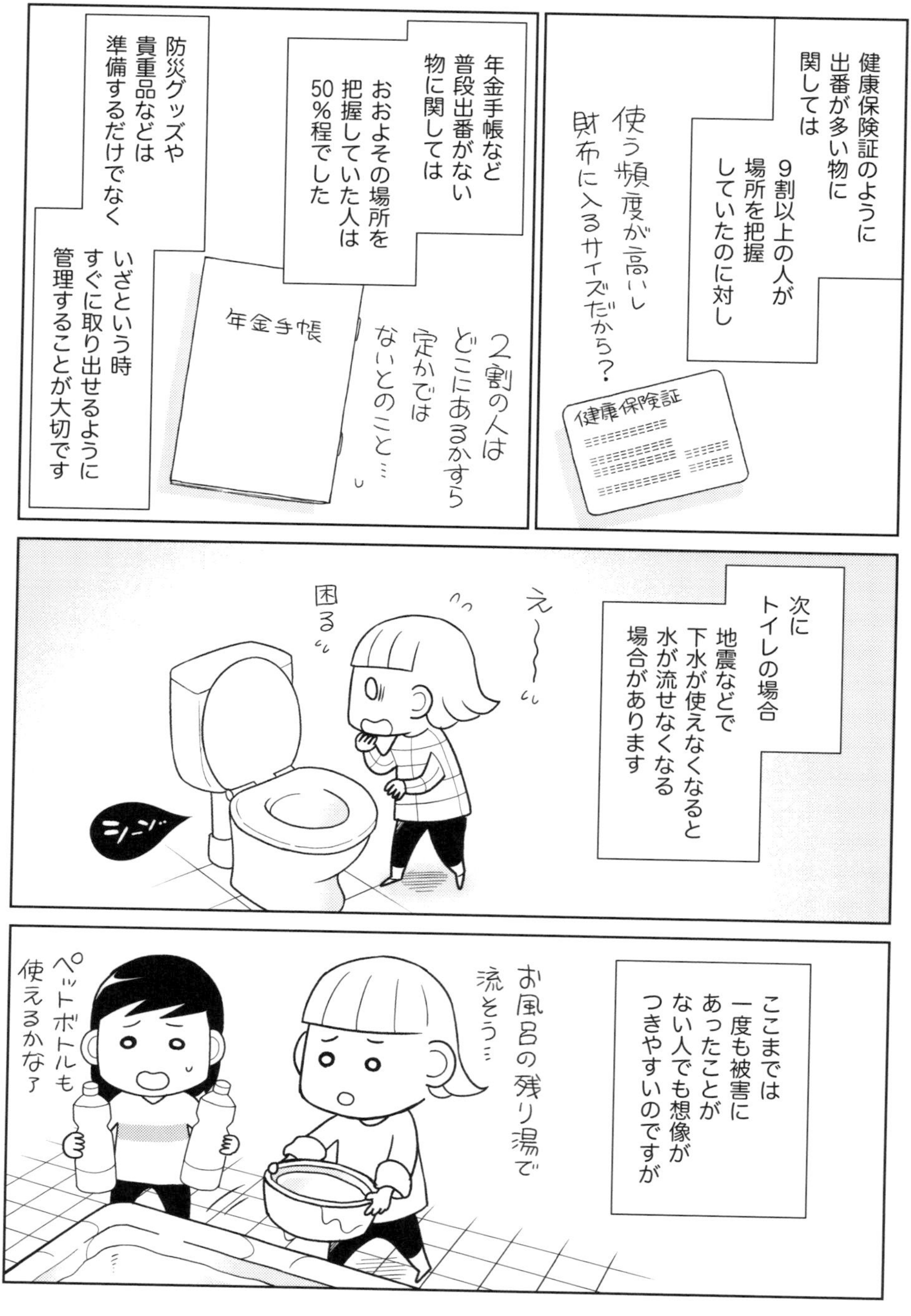
健康保険証のように出番が多い物に関しては
9割以上の人が場所を把握していたのに対し
使う頻度が高いし財布に入るサイズだから？
健康保険証
年金手帳など普段出番がない物に関しては
おおよその場所を把握していた人は50％程でした
2割の人はどこにあるかすら定かではないとのこと…
年金手帳
防災グッズや貴重品などは準備するだけでなく
いざという時すぐに取り出せるように管理することが大切です
次にトイレの場合
地震などで下水が使えなくなると水が流せなくなる場合があります
え〜〜
困る
シーン
ここまでは一度も被害にあったことがない人でも想像がつきやすいのですが
お風呂の残り湯で流そう…
ペットボトルも使えるかなァ

災害時はそもそも水を流すこと自体を禁止される時もあるので
※下水の破損等で
え!?
流すこと自体ダメなの??
ダメ
その場合は簡易トイレなどが必要になります
組み立て式とか
凝固剤
ここまでもなんとか想像できるのですが
まだあるの!?
問題は出た汚物のにおいです
災害時に起きるインフラのトラブルによって
ゴミが何日も回収されない場合もあります
その場合ゴミはどんどん溜まっていくことになるので
その時はペットや介護や育児のトイレなどに使う
においが漏れないゴミ袋が役に立ったそうです

そこまで想像できないよ〜〜
そんなこと言ったらキリないよ〜〜
ギャン
ギャン
となってしまいますよね
わかります…
不測の事態すべてに完璧に備えることは難しいです
実際に災害に遭った時は代用品で何とかする場面は必ず出てくると思います
ただせめて代用品ではどうにもならない
尽きた瞬間困ることになる物については真剣に考える必要があります
自分や家族の生活で普段当たり前のように使っているけど
なくなったらとても困る
という物を考えながら準備するようにしましょう
ミルク
入れ歯
メガネ
薬
等々…

リードのみ
広がるタイプの
キャリーバッグ
横に付き添い

実際に避難所への避難経験がある友人から、
ペット事情を聞くことができました。

友人は警報が出た後、
避難所に「事前避難」という形を取ったそうです。

その避難所では、ペットの避難場所は
人間の避難場所と別になっていて、
人は家族で交代しながらペットに
付き添っていたとのことでした。

・ペットを運んできたゲージをそのまま使っている人
・ペットがある程度余裕を持って過ごせるような
仕様の物を持ち込んで使っている人
・ゲージなどはなく、そのままペットを抱えていた人

など様々で、ルールは流動的だったようです。

友人が行った避難所では
水害の警報が出ていたことから
人間の避難場所は2階で
ペットの避難場所は１階だったとのこと。

中には小動物がゲージのままで
１階に置かれているなど
付き添いがいないケースもあったようで
「万一浸水してきたら、
私がこの子も2階に運ばないと…」
と思ったとのことでした。

ペットのことだけでなくあらゆることで、
事前確認や準備しておく物などを、
災害前から意識しておきたいところです。

※避難所のルールは地域や
災害の種類によって違います。
あくまでこれは友人がいた避難所の例です。
ルールの詳細はご自分の地域の
避難所に確認をお願いいたします。

「ちゃんとしなきゃ！」をやめたら二度と散らからない部屋になりました

家族の悩みも解決編

あとがき

ここまで読んでいただき、ありがとうございました。
なぎまゆです。

一、二巻では「個人の片付け」を中心に
取り上げさせていただいていましたが、
今回は「家族の片付け」について描かせていただきました。

片付け漫画を描くようになってから、
「片付けられない家族がいる」
「家族間で片付けの足並みが揃わない」
といった悩みや相談をいただくことがあります。

人はそれぞれ性格や価値観が違うため、
家族とはいえ他人を変えることは難しく、

「こうすれば解決するよ」というはっきりとした回答ができないことを、
いつも心苦しく思っていました。

今回の漫画はあくまで家族の片付けの一例ではありますが、
何か一つでも家族間の片付けで悩んでいる方の
ヒントになる部分があったのなら、嬉しく思います。

ここまで読んでくださった皆様、
片付けを漫画にすることを許可してくれた友人や友人のご家族の方、
三冊目を発行してくださっＫＡＤＯＫＡＷＡ様、
そしていつも支えてくださる担当のＭ様に、
心から感謝いたします。

これからも見守っていただければ幸いです。

STAFF

ブックデザイン
坂野弘美

DTP
小川卓也（木蔭屋）

校正
齋木恵津子

営業
大木絢加

編集長
山﨑 旬

編集担当
松本崇明

「ちゃんとしなきゃ!」をやめたら
二度《にど》と散《ち》らからない部屋《へや》になりました
家族《かぞく》の悩《なや》みも解決《かいけつ》 編《へん》

2021年12月9日　初版発行
2024年8月30日　再版発行

著者／なぎまゆ

発行者／山下 直久

発行／株式会社KADOKAWA

〒102-8177　東京都千代田区富士見2-13-3
電話 0570-002-301（ナビダイヤル）

印刷所／TOPPANクロレ株式会社

●お問い合わせ
https://www.kadokawa.co.jp/（「お問い合わせ」へお進みください）
※内容によっては、お答えできない場合があります。
※サポートは日本国内のみとさせていただきます。
※Japanese text only

定価はカバーに表示してあります。

Printed in Japan
ISBN 978-4-04-680777-9　C0077